Rodolfo Rodrigues • Mauricio Rito

A HISTÓRIA DAS CAMISAS DOS 12 MAIORES TIMES DO BRASIL

VOLUME 2
2009 A 2016

PANDA BOOKS

Texto © Rodolfo Rodrigues
Ilustração © Mauricio Rito

Diretor editorial
Marcelo Duarte

Diretora comercial
Patty Pachas

Diretora de projetos especiais
Tatiana Fulas

Coordenadora editorial
Vanessa Sayuri Sawada

Assistentes editoriais
Mayara dos Santos Freitas
Roberta Stori

Assistente de arte
Mislaine Barbosa

Projeto gráfico
Ana Miadaira

Diagramação
Mauricio Rito

Revisão
Juliana Rodrigues

Impressão
Loyola

CIP-BRASIL. CATALOGAÇÃO NA PUBLICAÇÃO
SINDICATO NACIONAL DOS EDITORES DE LIVROS, RJ

Rodrigues, Rodolfo
A história das camisas dos 12 maiores times do Brasil – Volume 2 / Rodolfo Rodrigues, Mauricio Rito. – 1. ed. – São Paulo: Panda Books, 2016. 192 pp. il.

ISBN 978-85-7888-636-3

1. Jogadores de futebol – Uniformes. 2. Futebol – Brasil – Uniformes. I. Rito, Mauricio. II. Título.

16-36393   CDD: 796.334
              CDU: 796.332

2016
Todos os direitos reservados à Panda Books.
Um selo da Editora Original Ltda.
Rua Henrique Schaumann, 286, cj. 41
05413-010 – São Paulo – SP
Tel./Fax: (11) 3088-8444
edoriginal@pandabooks.com.br
www.pandabooks.com.br
Visite nosso Facebook, Instagram e Twitter.

Nenhuma parte desta publicação poderá ser reproduzida por qualquer meio ou forma sem a prévia autorização da Editora Original Ltda. A violação dos direitos autorais é crime estabelecido na Lei nº 9.610/98 e punido pelo artigo 184 do Código Penal.

Agradecimentos

Agradeço às minhas filhas Raíssa e Thaíssa, à minha esposa Edna e à toda minha família, em especial aos meus irmãos Ricardo, Silvana e Cristina, juntamente com os meus avós, Maria Rita, Helena e Silas, e aos cunhados e sobrinhos Eduardo, Guilherme, Manuela, Lucélia, Gabriele, Rafaela, Naldo, Miguel e Rafael. Gostaria também de agradecer aos amigos, em especial àqueles que estão ajudando na terapia de minha filha. E por fim, ao maior de todos, Deus, por estar sempre nos guiando nos momentos difícies de nossas vidas.

Mauricio Rito

Para Vinícius e Gustavo, meus parceiros de equipe. Para João, que está vindo, aumentando o nosso time. Para Luciana, por vestir a camisa desse clube com tanto amor. E para toda a minha família.

Rodolfo Rodrigues

Um agradecimento especial às pessoas que colaboraram com esta obra: André Stepan, Bernardo Gleizer, Carina Ceroy, Celso Unzelte, Erico Leonan, João Paulo Fontoura, Juca Pacheco, Leandro Rea Lé, Leonardo Pessoa da Cunha, Luiz Pardini, Marcelo Cazavia, Maurício Simões Feliciano, Mauro Beting, Paulo Melo, Raphael Raposo, Rodrigo Righetti, Sérgio Luci, Tatiana Furtado e Walmir Lopes.

Introdução

O primeiro volume do livro *A história das camisas dos 12 maiores times do Brasil* foi publicado pela Panda Books em 2009 com os modelos utilizados pelos clubes em jogos oficiais, desde suas fundações até o dia 30 de maio de 2009. Desde então, muitas camisas foram lançadas pelos times.

Atendendo aos pedidos de torcedores e colecionadores, continuamos a nossa pesquisa para lançar este segundo volume que você tem em mãos. Assistimos a cerca de 6 mil jogos e consultamos o acervo fotográfico dos últimos sete anos das partidas dos 12 clubes para chegar nas 1.338 camisas ilustradas nesta obra. Elas compreendem o período de 1º de junho de 2009 a 20 de setembro de 2016, em continuidade ao primeiro volume que, acreditamos, você deve ter em sua coleção de livros sobre futebol.

Em alguns casos, reproduzimos também a parte de trás da camisa, principalmente para mostrar algum detalhe, como um número curioso ou um novo patrocínio. Mas, por se tratar de ilustrações, sabemos que não é possível chegar à exatidão dos modelos. Por isso, caso você tenha sentido falta de algum detalhe ou de algum modelo, entre em contato conosco pelos e-mails: rodolforodrigues@hotmail.com e mritos@gmail.com.

Vista esta paixão com a gente!

Os autores

Sumário

Prefácio 9

Atlético-MG 11

Botafogo 21

Corinthians 39

Cruzeiro 64

Flamengo 73

Fluminense 87

Grêmio 97

Internacional 105

Palmeiras 114

Santos 133

São Paulo 157

Vasco 175

Prefácio

"Vestir a camisa" virou sinônimo de amar o que faz. De fazer um ofício tornar-se um prazer de hobby.

A camisa de um clube não é a segunda pele. É a primeira. Por mim, tomaria banho vestido com a camisa do time que é meu há cinquenta anos e que em 1990 me colocou no jornalismo esportivo. Pelo jornalismo, Mauricio Rito desenha todas as camisas de todos os clubes como se fossem as do peito. Por ele ser um apaixonado por todas as cores e credos. Como Rodolfo Rodrigues. Não sei por qual time torce. Mas sei como grande jornalista e pesquisador que é, não distorce a opinião por camisa alguma. Ama a informação e a história com o respeito devido. Ele é um dos que sabem que quem vive de passado é quem tem história para contar. E mostrar como este livro – em seu segundo volume – agora mais uma vez apresenta as camisas limpas, passadas, engomadas e de galas e glórias. E até fracassos. Mas jamais despidas nem nas despedidas de divisões, nem nas quedas e quebras.

Este é um livro para quem tem amor incondicional por um clube. Melhor: para dois que amam o futebol que nos deu essas cores para amar. E, sim, também para não tolerar. É do jogo. É do esporte mais perfeito pela imperfeição humana dele.

Desta obra fazem parte os 12 maiores do país mais vezes campeão mundial. Essa aquarela do Brasil que da paleta do Mauricio e da pesquisa do Rodolfo nos leva ao momento em que o futebol virou ainda mais *outdoor*. Grifes que gravitam pelo esporte e grafitam nossos mantos nem sempre belos.

Mas como dizer que alguma camisa de força, luz e fé fica feia? Jamais. A camisa do meu time é maravilhosa até quando não é. É do meu time. Da minha família. E só é tudo isso por existir um rival, jamais um inimigo. Para ganhar, alguém precisa perder. Para a minha camisa pesar, outra precisa do pesar da derrota.

Por isso o livro é tão lindo quanto necessário. Tão obrigatório quanto a advertência para o jogador de hoje que despe a camisa para celebrar um gol. Manto não se tira, se veste. Camiseta não se arranca e nem se arranha.

A cara pele é como a aura de Pelé: única. Nossa.

Vista e passe a vista nestas páginas. O rei está vestido pela pele que é nossa rainha.

Mauro Beting

Atlético-MG

O Atlético-MG é o clube com o qual tenho mais identificação. O período em que passei por lá representou muitas coisas, afinal minhas grandes conquistas foram praticamente todas nesse time. Pelo Atlético me tornei um jogador mais completo e também pude ajudar em vários títulos. Sempre falo que minha vida se resume a antes e depois do Atlético e tenho muito orgulho e respeito por ter vestido essa camisa. O curioso é que eu nunca havia sido o camisa 9. Acho que quando eu cheguei no clube, era o único número que estava disponível e caiu bem! Hoje é meu número de camisa, de telefone e tenho até uma tatuagem com o 9. O Atlético sempre teve grandes jogadores que usaram essa camisa e hoje também faço parte dessa história.

Eu poderia citar várias camisas como as mais especiais para mim, mas acho que a de 2009, a listrada, me marcou bastante. Fui artilheiro de todas as competições e o maior artilheiro do Brasil na temporada. Realmente, foi um ano brilhante e guardo aquela camisa até hoje. Além dela, guardo também uma do Ronaldinho Gaúcho do ano da conquista da Libertadores e outras com as quais ganhei títulos pelo Atlético. Todas merecem um lugarzinho especial na minha casa.

Atacante
Diego Tardelli (Diego Tardelli Martins)
10/5/1985, Santa Bárbara D'Oeste (SP)
Jogou no Atlético-MG de 2009 a 2011 e de 2013 a 2014 e conquistou os seguintes títulos pelo clube: Copa Libertadores (2013), Recopa Sul--Americana (2014), Copa do Brasil (2014) e Campeonato Mineiro (2010 e 2013)

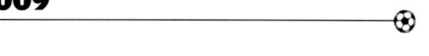

2009

2009

No início do Campeonato Brasileiro de 2009, no jogo contra o Santo André, no dia 30 de maio, o Atlético-MG, ainda sem patrocinador, colocou no peito da camisa o logo que promovia a cidade de Belo Horizonte, que havia sido escolhida como uma das sedes da Copa do Mundo de 2014.

2009

2009

2010

2010

Depois de dois anos com a Lotto, o Atlético-MG mudou seu fornecedor de material esportivo para a Topper. O modelo da camisa de 2010 marcou ainda o início do patrocínio do Banco BMG, que durou até 2014 – o segundo que mais ficou na camisa depois da Coca-Cola (1987-94).

2010

A história das camisas do ATLÉTICO-MG

A história das camisas do **ATLÉTICO-MG**

2011 | **2011** | **2011**

2012 | **2012**

2012

Depois da Rainha (1981-82), Adidas (1983-85), Penalty (1986-90, 1992-93 e 1997-2001), Dell'Erba (1991), Umbro (1994-96 e 2002-04), Diadora (2005-07), Lotto (2008-09) e Topper (2010-12), a camisa do Galo passa a ser feita pela Lupo. Com ela o clube conquistou a Libertadores.

A história das camisas do ATLÉTICO-MG

A história das camisas do ATLÉTICO-MG

2014

2014

2014

2014

Após dois anos, o Atlético-MG encerra o contrato com a Lupo e chega a atuar sem fornecedor de material esportivo por duas partidas, em março de 2014, antes de fechar com a Puma. Na manga da camisa, o Galo usou o logo comemorativo dos cem anos do Campeonato Mineiro.

2014

2014

2014

Por cerca de 15 milhões de reais por ano, a alemã Puma venceu a concorrência com a Adidas e passou a ser a nova fornecedora de material esportivo do Atlético-MG. A nova camisa voltou a ter listras verticais mais finas e ainda recebeu o *patch* de campeão da Libertadores 2013.

A história das camisas do **ATLÉTICO-MG**

2014

2014

2014

2014

2014

2015

2015

2015

2015

2015

2015

2015

2015

2015

2015

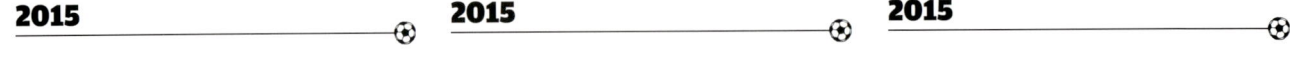

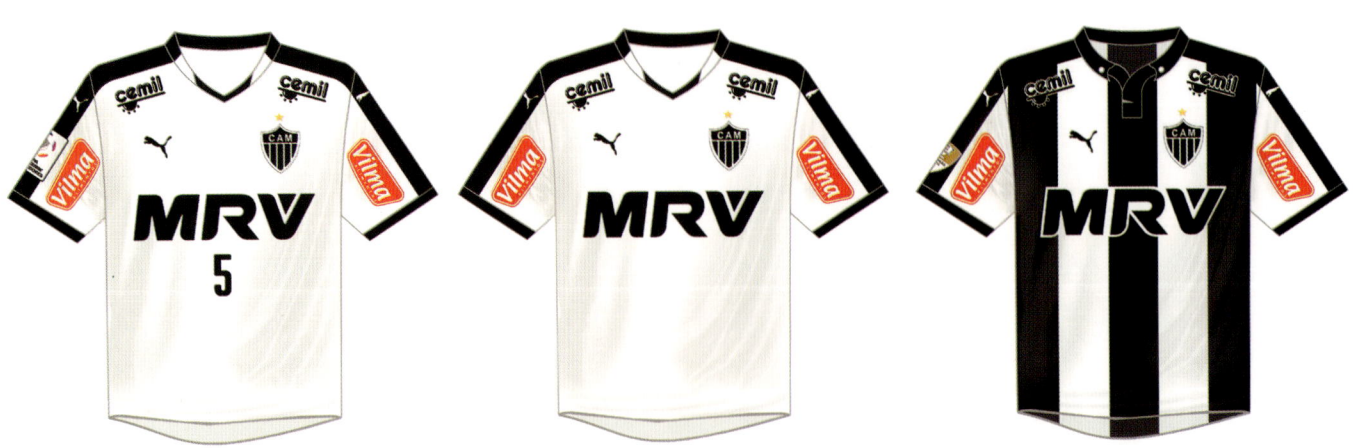

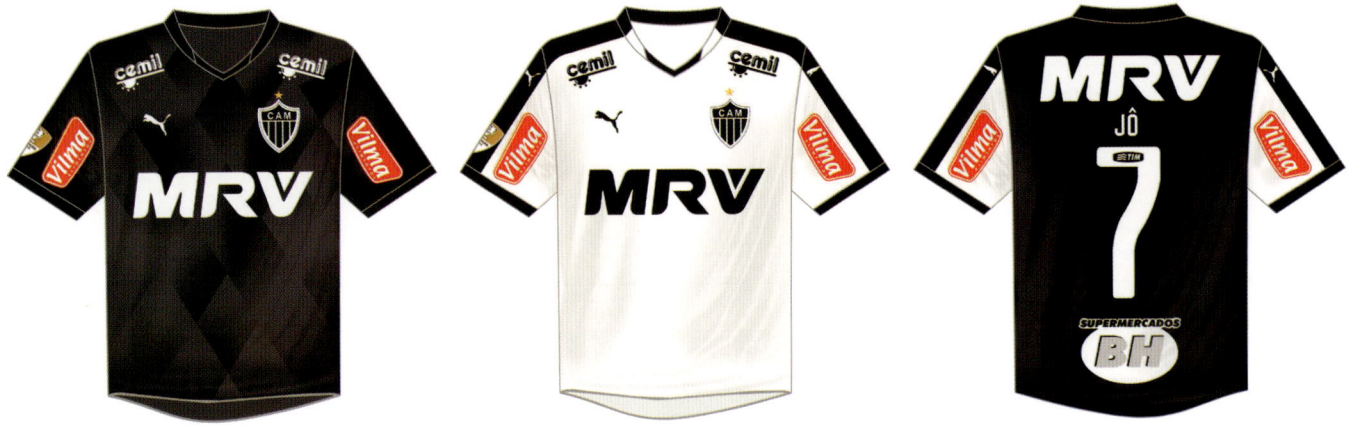

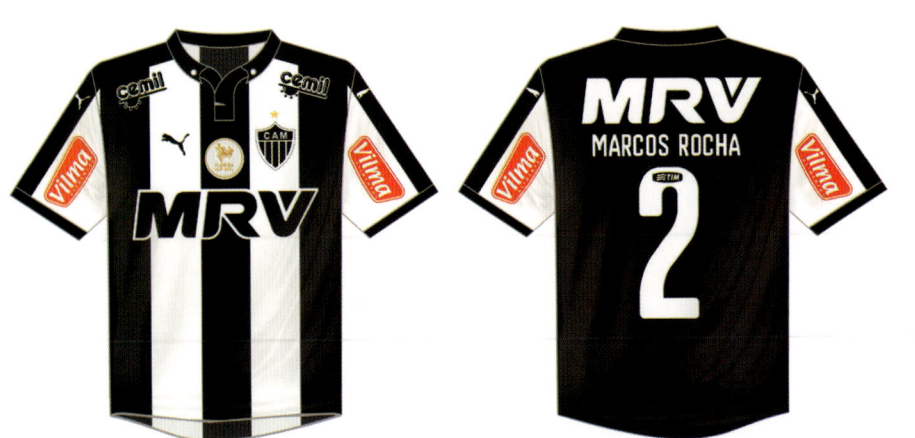

No último jogo de 2015, o Atlético-MG estampou o *patch* da Copa Flórida, torneio internacional que disputaria no início de 2016. Já durante a competição, o time exibiu também as informações dos confrontos (contra Schalke 04-ALE e Corinthians) acima do logo da Puma.

A história das camisas do ATLÉTICO-MG

2015 | 2016

2016

2016

2016

2016

2016

No início de 2016, o Atlético-MG encerrou o contrato com a Puma e acertou com a empresa canadense Dry World como sua nova fornecedora de material esportivo (100 milhões de reais por cinco anos). A Caixa (por 12,5 milhões de reais por ano), também é a nova patrocinadora.

A história das camisas do ATLÉTICO-MG

2016 **2016** **2016**

Botafogo

Vestir a camisa do Botafogo representou a realização de um sonho de criança: atuar por um grande time nacional e jogar no Maracanã. Foram dois períodos muito bons e tive oportunidade de fazer mais de 240 partidas pelo clube. Guardo um carinho enorme pelo Botafogo e por seus torcedores. Tenho lembranças muito boas e mesmo longe do clube continuo torcendo por ele e pelas pessoas que lá estão e que já trabalharam comigo.

Sempre guardo uma camisa de cada time por onde passei. Do Botafogo, guardei dois modelos feitos pelo clube especialmente para mim: a camisa com o número 100 e a com o número 200, nas costas, representando os jogos que havia completado por lá. Tenho também algumas camisas de goleiro, como a do Lopes e a do Roger. E, de todas que já usei, a de que mais gostei foi uma toda preta. Sempre achei que ela combinava e tinha uma identificação grande com a tradição do clube. No período em que defendi o time vesti a 7, a 11, mas com a que mais atuei foi a 10 mesmo. Mas não por escolha minha. Quando criança eu sempre admirava outros camisas 10, como Pita, Raí, Zico, Maradona. Então, vestir essa camisa no Botafogo foi muito gratificante.

Meia
Lúcio Flávio (Lúcio Flávio dos Santos)
3/2/1979, Curitiba (PR)
Jogou no Botafogo de 2006 a 2008 e de 2009 a 2010 e conquistou os seguintes títulos pelo clube:
Campeonato Carioca (2006 e 2010)

A história das camisas do **BOTAFOGO**

2009

2009

2009

2009

2010

2010

2010

2010

Em 2010, o Botafogo atuou com quatro diferentes modelos de camisa. Além dos tradicionais um (listrado) e dois (branco), o Fogão jogou de preto e também com um quarto modelo (cinza e preto). Este último, porém, estreou numa derrota por 6 X 0 para o Vasco.

A história das camisas do **BOTAFOGO**

A história das camisas do BOTAFOGO

2011 — **2011**

2011 — **2011** — **2011**

2011 — **2011**

A história das camisas do **BOTAFOGO**

2011

2011

2011

2011

2011

Em agosto de 2011, o Botafogo lançou o modelo da camisa preta chamada de Força Armada Alvinegra, inspirado nas origens militares do nome do clube. Em seguida, alegando descumprimento do contrato por parte da Fila, cobriu o logo da empresa em seu uniforme.

2011

2012

A história das camisas do **BOTAFOGO**

2012 | **2012**

2012 | **2012**

A Puma é a oitava fornecedora de material esportivo do Botafogo, depois da Adidas (1979-89), Umbro (1989 e 1991-92), Finta (1989, 1995-97 e 2002-03), Penalty (1990 e 1997-98), ProOnze (1993), Rhumell (1994), Topper (1999-2001), Kappa (2004-08) e Fila (2009-11).

2012 | **2012**

A história das camisas do **BOTAFOGO**

2012

2012

2012

2012

2012

2012

2012

2012

2012

A história das camisas do **BOTAFOGO**

2012

2012

2012

Depois de lançar uma camisa rosa, mas somente para torcedores, o Botafogo criou um modelo de camisa dourada. O sucesso nas vendas fez com que ela fosse utilizada pelo clube em jogos oficiais. Em um deles, no dia 23 de setembro, os jogadores homenagearam suas avós.

2012

2013

A história das camisas do **BOTAFOGO**

2013 **2013** **2013**

2013

Depois da morte de Nílton Santos, o maior lateral esquerdo da história do Botafogo, o clube resolveu homenageá-lo colocando o número 6 acima do escudo em todas as camisas nas partidas finais do Campeonato Brasileiro daquele ano.

2014 **2014** **2014**

A história das camisas do **BOTAFOGO**

A história das camisas do **BOTAFOGO**

2014

2014

Em 2010, o Botafogo jogou com uma quarta camisa (ver página 23), com uma metade preta e outra cinza. Em 2014, o clube criou um novo modelo, dessa vez todo cinza, inspirado na cor de seus meiões. A ideia era apresentar uma cor que tivesse identificação com o time.

2015

2015

2015

Sem patrocinador máster, o Botafogo aproveitou para vender patrocínios pontuais, por jogo, durante o Campeonato Carioca de 2015. Ao longo da competição, foram estampadas até ofertas de produtos, como celular e secador de cabelo, além do plano de sócio-torcedor.

A história das camisas do **BOTAFOGO**

2015

2015

2015

2015

2015

2015

2015

2015

A história das camisas do **BOTAFOGO**

2015

2015

2015

2015

2015

2015

A história das camisas do **BOTAFOGO**

2015 **2015** **2015**

2015 **2015** **2015**

2015 **2016** **2016**

A história das camisas do BOTAFOGO

2016

2016

> A Topper – fornecedora de material esportivo do Botafogo entre 1999 e 2001 – voltou após 15 anos e substituiu a Puma, que estava com o clube desde 2012. Sem patrocinador máster, a nova camisa ficou mais "limpa" em relação ao ano anterior.

2016

2016

> O Botafogo fez uma nova homenagem a Nilton Santos (falecido em 2013, aos 88 anos), eternizando-o com sua assinatura acima do escudo nas camisas de número 6, utilizada pelo lateral esquerdo.

2016

2016

A história das camisas do **BOTAFOGO**

2016

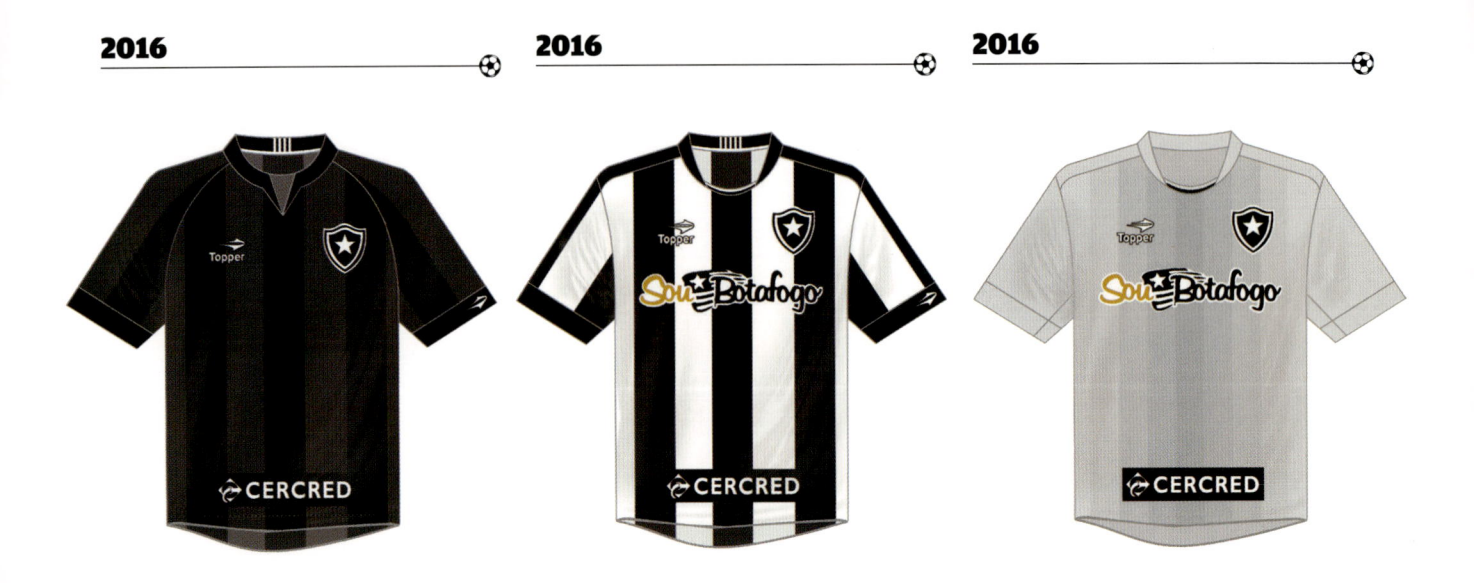

2016

2016

2016

Corinthians

Vestir a camisa do Corinthians significou muito para mim. Foi o clube que me deu tudo e foi onde passei seis anos de muitas alegrias. Disputei 247 jogos, me tornei o segundo zagueiro do time com mais gols (42), ganhei oito títulos — os principais da história do clube — e estou entre os jogadores com mais conquistas, ao lado de Marcelinho Carioca e Alessandro. De todos os times em que joguei, o Corinthians foi o que mais me marcou. Mesmo depois de ter saído do clube, os torcedores me cumprimentam com carinho e sempre me chamam de Chicão do Corinthians. Tudo isso é muito gratificante.

Nesse período, sempre joguei com a camisa 3. O Mano Menezes foi quem decidiu a numeração em 2008, e que ficou até 2013. O curioso foi quando o Roberto Carlos chegou ao clube em 2010. Ele sempre usou esse número no Real Madrid, mas quando veio para o Corinthians, fez questão de deixar a 3 comigo. Isso significa muito para mim. Sou suspeito para falar, mas gosto muito das camisas do Corinthians. Achava a preta de 2009, do Paulistão, incrível. Gostava muito também da listrada, preta e roxa. Aliás, sempre gostei dos terceiros uniformes. A grená, do São Jorge, também era muito bonita. Guardei cerca de cinquenta modelos, alguns de ex-companheiros, como Ronaldo, Alexandre Pato, Felipe, Alessandro, Cássio, Danilo. São ótimas recordações.

Zagueiro
Chicão (Anderson Sebastião Cardoso)
3/6/1981, Mogi Guaçu (SP)
Jogou no Corinthians de 2008 a 2013 e conquistou os seguintes títulos pelo clube: Mundial de Clubes da Fifa (2012), Copa Libertadores (2012), Recopa Sul-Americana (2013), Campeonato Brasileiro (2011), Copa do Brasil (2009), Campeonato Brasileiro da Série B (2008) e Campeonato Paulista (2009 e 2013)

A história das camisas do **CORINTHIANS**

2009

2009

2009

2009

2009

Depois de surpreender com a camisa roxa, em alusão ao "corintiano roxo", o Corinthians criou uma nova versão da camisa 3 no segundo semestre de 2009. O roxo voltou novamente, porém mais escuro e com listras pretas, lembrando um pouco a camisa da Inter de Milão.

2009

2009

2009

A história das camisas do **CORINTHIANS**

2009

2009

2009 | 2010

2010

Quando ganhou a Série B em 2008, o Corinthians criou um modelo de camisa com fotos de torcedores (que pagaram para ver sua imagem lá). No fim de 2009, a camisa "Timão é sua cara" foi reeditada e, em janeiro de 2010, foi usada pela última vez na despedida de Marcelinho Carioca.

2010

2010

2010

A história das camisas do **CORINTHIANS**

2010

2010

2010

2010

2010

2010

2010

2010

No mês em que completou cem anos, o Corinthians entrou em campo com uma camisa estilo retrô, com listras verticais brancas e bege (cor usada na primeira camisa do time). O escudo utilizado foi uma réplica do primeiro, com as inicias C e P.

A história das camisas do **CORINTHIANS**

2010 | 2011

2011

2011

2011

2011

2011

2011

No dia 20 de março, no jogo contra o Americana, o Corinthians usou uma camisa com a bandeira do Japão, em homenagem às vítimas do terremoto seguido de tsunami, além da frase "Força, Japão", na barra da camisa, e do nome dos jogadores, em japonês, na parte detrás.

A história das camisas do **CORINTHIANS**

2011

2011

2011

Contra o São Caetano, dia 10 de abril, o Corinthians entrou em campo com os nomes das vítimas da tragédia de Realengo, no Rio de Janeiro, quando 12 crianças foram mortas por um atirador. Pouco depois, dia 8 de maio, contra o Santos, as mães dos jogadores foram as homenageadas.

2011

2011

2011

A história das camisas do **CORINTHIANS**

2011

2011

Em maio, o Corinthians lançou a camisa número três na cor grená, relembrando um modelo utilizado em 1949. Naquele ano, o time entrou em campo contra a Portuguesa com uma camisa em homenagem ao Torino, da Itália, que havia perdido todos seus jogadores em um acidente aéreo.

2011

2011

2011

2011

A história das camisas do **CORINTHIANS**

2011

2011

No fim de 2011, o Corinthians entrou em campo com mensagens de incentivo na parte detrás da camisa. Uma para o Dia Nacional da Leitura, outra "Força, Lula" – direcionada ao ex-presidente da República, torcedor do clube e diagnosticado com tumor na laringe – e mais uma para a Lei Maria da Penha.

2011

2012

2012

2012

2012

2012

A história das camisas do **CORINTHIANS**

2012

2012

2012

2012

2012

2012

2012

2012

2012

A história das camisas do **CORINTHIANS**

2012

2012

2012

2012

2012

2012

2012

2012

Em 2012, o Corinthians resgatou um modelo utilizado em 1992, com marca d'água do mapa do estado de São Paulo nas camisas um (branca) e dois (preta). Pouco depois, o terceiro uniforme, na cor cinza e também com o mapa de São Paulo, reeditou um modelo já usado em 2004.

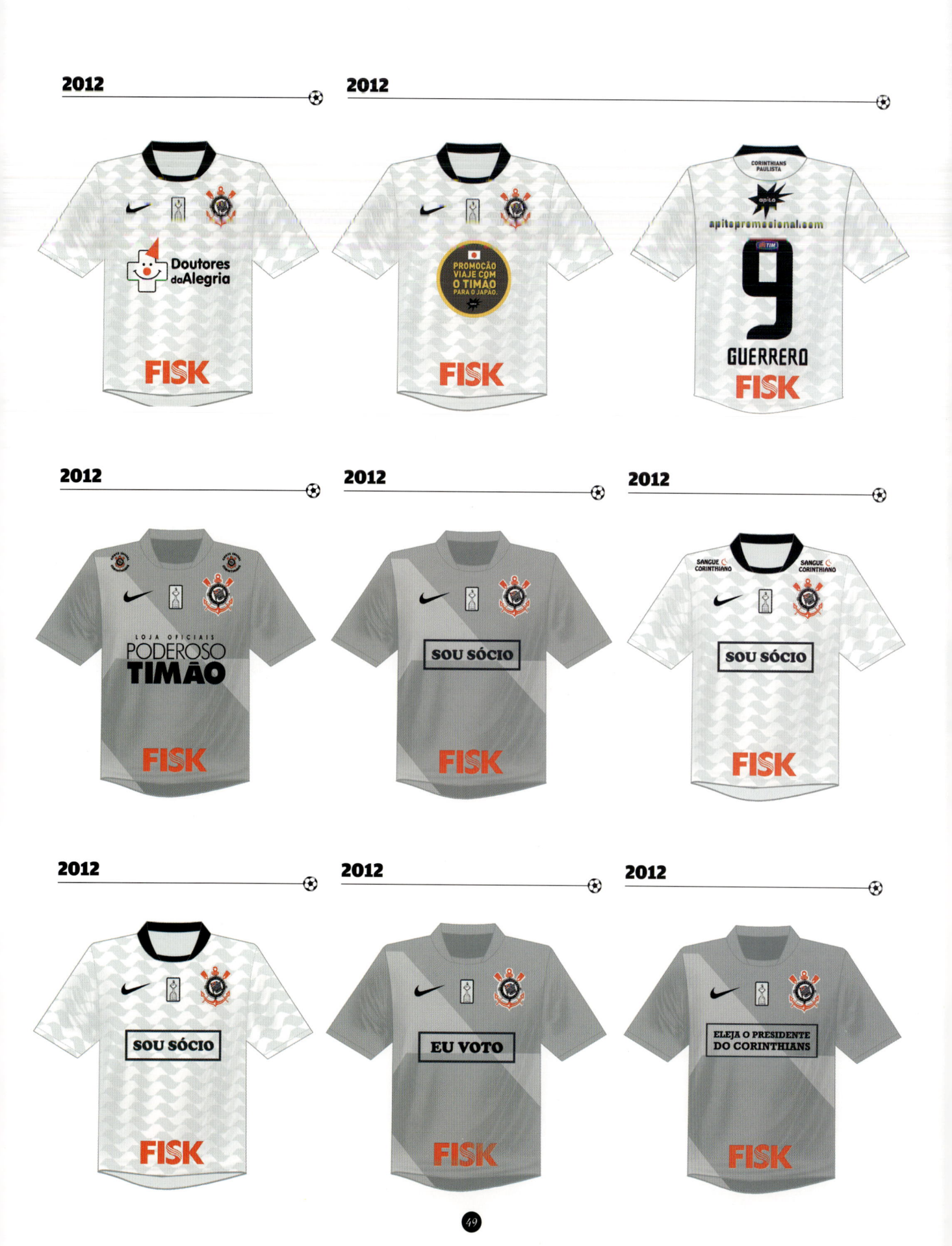

A história das camisas do **CORINTHIANS**

2012

2012

2012

2012

2012

2012

2012

2012

2012

A história das camisas do **CORINTHIANS**

2012

2012

2012

2012

2013

2013

2013

O Corinthians foi campeão do Mundial da Fifa, no Japão, utilizando numa manga o logo da competição, e na outra, o logo (verde) da campanha da entidade ao *fairplay* (jogo limpo). No ano seguinte, o clube passou a estampar o *patch* da Fifa de campeão mundial no peito da camisa.

A história das camisas do **CORINTHIANS**

2013

2013

2013

2013

2013

2013

2013

2013

2013

A história das camisas do **CORINTHIANS**

2013

2013

Em 2013, por conta da Copa das Confederações, alguns clubes brasileiros homenagearam a Seleção Brasileira. O Corinthians foi um deles e jogou de azul, relembrando também o ano de 1965, quando o clube representou a Seleção no amistoso contra o Arsenal-ING.

2013

2013

2013

2013

A história das camisas do **CORINTHIANS**

2013

2013

2013

2014

2014

2014

2014

Depois de jogar de azul em 2013, o Corinthians voltou a homenagear a Seleção Brasileira e, no ano da Copa do Mundo, atuou de amarelo pela primeira vez em sua história. Só que, diferentemente da Seleção, o time jogou com calção preto e meias amarelas.

2014

53

A história das camisas do **CORINTHIANS**

2014

2014

2014

2014

2014

2014

2014

2014

A história das camisas do **CORINTHIANS**

2014

2014

2014

2014

2014

2014

2014

2014

O Corinthians fechou acordo com a 20th Century Fox para explorar a marca do desenho *Os Simpsons*, assim como o Barcelona, o Chelsea e o Boca Juniors. Para comemorar o acordo, o nome dos jogadores na parte detrás da camisa foi escrito em amarelo.

A história das camisas do CORINTHIANS

2014

2014

2014

2015

2015

Nos últimos jogos de 2014 e no início de 2015, o Corinthians usou o logo da Copa Flórida, torneio internacional em que participou pela primeira fez em janeiro de 2015, nos Estados Unidos. Lá, enfrentou o Colônia e depois o Bayer Leverkusen, ambos da Alemanha.

2015

2015

2015

A história das camisas do **CORINTHIANS**

2015

2015

2015

2015

2015

2015

2015

2015

2015

A história das camisas do **CORINTHIANS**

2015	2015	2015
2015	2015	2015
2015	2015	2015

A história das camisas do **CORINTHIANS**

2015

2015

2015

2015

2015

Depois de ser hexacampeão do Campeonato Brasileiro, o Corinthians entrou em campo contra o São Paulo, no dia 22 de novembro, com uma camisa nova, com listras horizontais, até então nunca utilizada em sua história. E o novo modelo deu sorte: vitória corintiana por 6 X 1 sobre o rival.

2015

2015

2015

A história das camisas do CORINTHIANS

2015

2015

Em sua segunda participação na Copa Flórida, o Corinthians jogou sua primeira partida, contra o Atlético-MG, com o uniforme todo laranja, criado em homenagem ao terrão (campos de treino das categorias de base). Na partida seguinte, contra o Shakthar Donestk-UCR, atuou de branco.

2016

2016

2016

2016

2016

2016

A história das camisas do **CORINTHIANS**

2016 **2016**

2016 **2016**

2016 **2016**

A história das camisas do **CORINTHIANS**

2016

2016

2016

AQUI TEM UM BANDO DE LOUCO

3

LOUCO POR TI
CORINTHIANS

2016

2016

CORINTHIANS
MINHA VIDA

28

FELIPE

MINHA HISTÓRIA
MEU AMOR

2016

2016

É O TIME DO POVO

8

MARLONE

É O CORINGÃO

2016

A SEMANA INTEIRA
FIQUEI ESPERANDO

10

GUILHERME

PRA TE VER CORINTHIANS
PRA TE VER JOGANDO

2016

O CORINTHIANS NÃO É SÓ
UM TIME DE UMA TORCIDA

6

WENDEL

É UM ESTADO DE ESPÍRITO

A história das camisas do **CORINTHIANS**

2016

2016

2016

2016

2016

2016

2016

2016

Cruzeiro

Foi uma grande satisfação poder jogar num clube como o Cruzeiro, um dos maiores do Brasil, com tradição de sempre ganhar títulos. Melhor ainda foi ter contribuído para aumentar a galeria de títulos nesses dois anos que passei no time. Fui muito feliz lá com meus companheiros e minha família.

A camisa 17 é especial porque a usei nesse período maravilhoso. Denilson também usou esse número, assim como Cristiano Ronaldo no começo da carreira. Eu já usava desde o Coritiba e fiz grandes partidas com a 17. Acho todas as camisas do Cruzeiro bonitas pela cor delas: um azul que chama a atenção, que dá força ao time. Gostava de jogar com ela porque era a marca registrada do Cruzeiro! Mas a de 2014, com o brasão de campeão brasileiro de 2013, é a minha favorita. Tenho guardadas camisas de todas as cores: a branca, a amarela em homenagem à Copa e as azuis. Guardo para poder contar minha história, para ter de lembrança. Também tenho camisas do Tinga, do Ricardo Goulart e do Borges, que é um grande atacante e uma pessoa que eu admiro. Todos esses companheiros viraram meus amigos – nós formamos uma família e eles são pessoas excelentes.

Meia
Éverton Ribeiro (Éverton Augusto de Barros Ribeiro)
10/4/1989, Arujá (SP)
Jogou no Cruzeiro de 2013 a 2015 e conquistou os seguintes títulos pelo clube: Campeonato Brasileiro (2013 e 2014) e Campeonato Mineiro (2014)

A história das camisas do CRUZEIRO

2009

2009

2009

2009

2009

No dia 4 de novembro, o Cruzeiro fez um amistoso contra o Argentinos Juniors para comemorar a despedida do ídolo Sorín e utilizou seu terceiro uniforme, com dois tons de azul e o escudo do antigo Palestra Itália. Na manga, havia também um *patch* com a foto do ex-lateral esquerdo.

2009

2009

A história das camisas do **CRUZEIRO**

2010

2010

2010

2010

2010

2010

Em maio de 2010, o Cruzeiro resolveu inovar e lançar uma camisa nova, como quarta opção, na cor amarela. O modelo foi inspirado no uniforme de goleiro utilizado por Raul Plasmann, que defendeu o Cruzeiro por 557 jogos entre 1965 e 1978 e foi um dos maiores ídolos do clube.

A história das camisas do **CRUZEIRO**

2011

2011

Lançada em fevereiro de 2011, essa camisa foi criada em alusão ao modelo utilizado em 1943, o primeiro do clube como Cruzeiro Esporte Clube, após deixar de ser Palestra Itália. Outra novidade foi o escudo no lugar das tradicionais estrelas do Cruzeiro do Sul no peito.

2011

2011

2011

Seguindo a linha de voltar às suas origens, o Cruzeiro lançou uma terceira camisa na cor verde, inspirada no modelo de 1926, ano da conquista de seu primeiro título mineiro. A camisa resgatou ainda o escudo com as iniciais PI, a gola polo com decote V e cordões.

A história das camisas do **CRUZEIRO**

2011

2011

2012

2012

2012

○ Em março de 2012, a camisa do Cruzeiro deixou de aparecer com o logo da Reebok (que estava com o clube desde 2009) e passou a exibir o da Olympikus, já com um modelo novo. As duas marcas são do grupo Vulcabras Azaleia, que optou pela troca.

2012

2012

2012

A história das camisas do CRUZEIRO

2012

2012 | 2013

2013

2013

2013

2013

2014

> Em 2014, todos os participantes do Campeonato Mineiro jogaram com um logo na manga esquerda em comemoração aos cem anos da competição. No mesmo ano, a Raposa usou também o logo da Copa Libertadores e o *patch* de campeão brasileiro de 2013.

A história das camisas do **CRUZEIRO**

2014

2014

2014

2014

2014

2014

2014

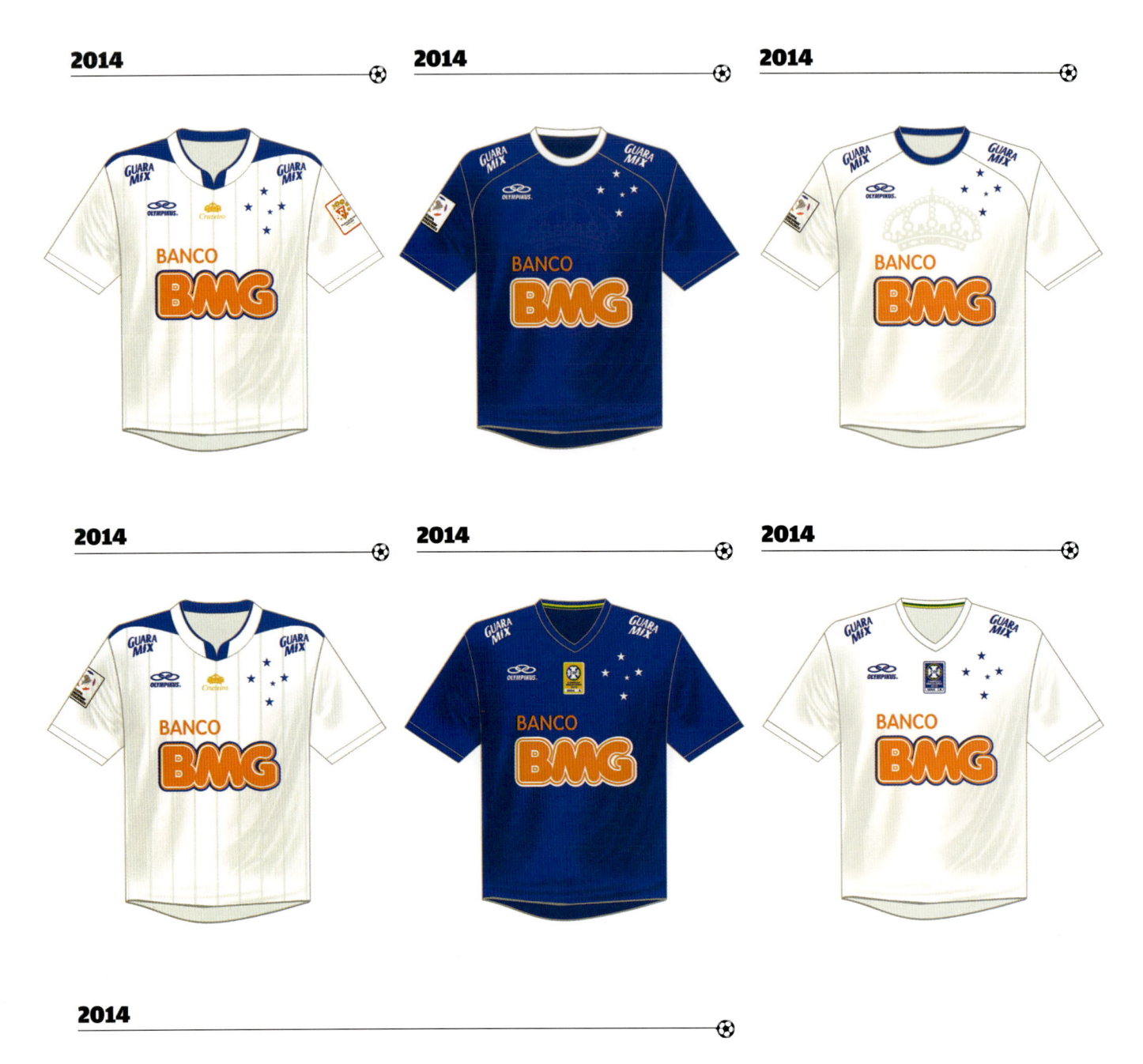

O Cruzeiro voltou a jogar de amarelo em 2014. Dessa vez, o modelo criado foi em homenagem à Seleção Brasileira, que disputaria a Copa do Mundo em casa e também em Belo Horizonte. No uniforme completo, a Raposa usou ainda calção azul e meiões brancos, como os da Seleção.

A história das camisas do CRUZEIRO

2015

> Depois da Athleta e da Rainha, na década de 1970 e início dos anos 1980, a camisa do Cruzeiro foi feita pela Adidas (1981-82 e 1986-90), Topper (1984-85 e 1999--2005), Finta (1990-96), Rhumell (1997-98), Puma (2006-08), Reebok (2009-12), Olympikus (2012-14) e Penalty (em 2015).

2015

2015

2015

2015

A história das camisas do **CRUZEIRO**

2015

2016

2016

2016

2016

Após dois anos, o fornecedor de material esportivo do Cruzeiro deixou de ser a Penalty e passou para a Umbro pela primeira vez em sua história. O contrato assinado em maio de 2016 vale até maio de 2019 e pagará 6 milhões de reais líquidos ao clube por temporada.

Flamengo

Para mim, é motivo de muito orgulho e prazer ter vestido a camisa do Flamengo. Especialmente porque é o meu time de infância, então é um sonho realizado. Não podia, nem por um minuto, deixar de representar bem essas cores durante todos esses anos, por isso busquei honrar a camisa do Flamengo sempre que tive o privilégio de vesti-la e acho que fiz bem o meu papel.

Confesso que o número 2 não era uma obsessão. Mas até pela posição a gente acaba criando uma identificação muito forte. O tempo de casa, os títulos que conquistei, tudo isso também ajuda a fortalecer essa relação. Não imaginava, porém, tudo isso. Quando eu fui para o Flamengo, a minha intenção, claro, era ser campeão, mas jamais cogitaria chegar para ficar dez anos. Isso é muito difícil de acontecer. E sem dúvida a camisa do Flamengo foi com a qual eu mais me identifiquei dentre todas as do Rio – posso dizer até do mundo. Ainda guardo várias camisas, como as dos títulos de 2006 e de 2009, e das partidas em que alcancei uma marca significativa, por exemplo, cem jogos, duzentos, trezentos, enfim... tenho muitas camisas comigo.

Eu acho a camisa tradicional muito bonita. O preto e o vermelho se completam. Mas gosto ainda mais da branca, que curiosamente é a número 2. A camisa branca do Flamengo é diferenciada.

Lateral direito
Leonardo Moura (Leonardo da Silva Moura)
23/10/1978, Niterói (RJ)
Jogou no Flamengo de 2005 a 2015 e conquistou os seguintes títulos pelo clube: Campeonato Brasileiro (2009), Copa do Brasil (2006 e 2013) e Campeonato Carioca (2007, 2008, 2009, 2011 e 2014)

A história das camisas do **FLAMENGO**

2009

2009

> Depois de nove anos com a Nike, o Flamengo mudou seu fornecedor de material esportivo para a brasileira Olympikus. E logo no início a nova parceria deu certo. Empurrado pelo título brasileiro, o clube vendeu 1,2 milhão de camisas entre julho e dezembro de 2009.

2009

2009

2009

2009

2009

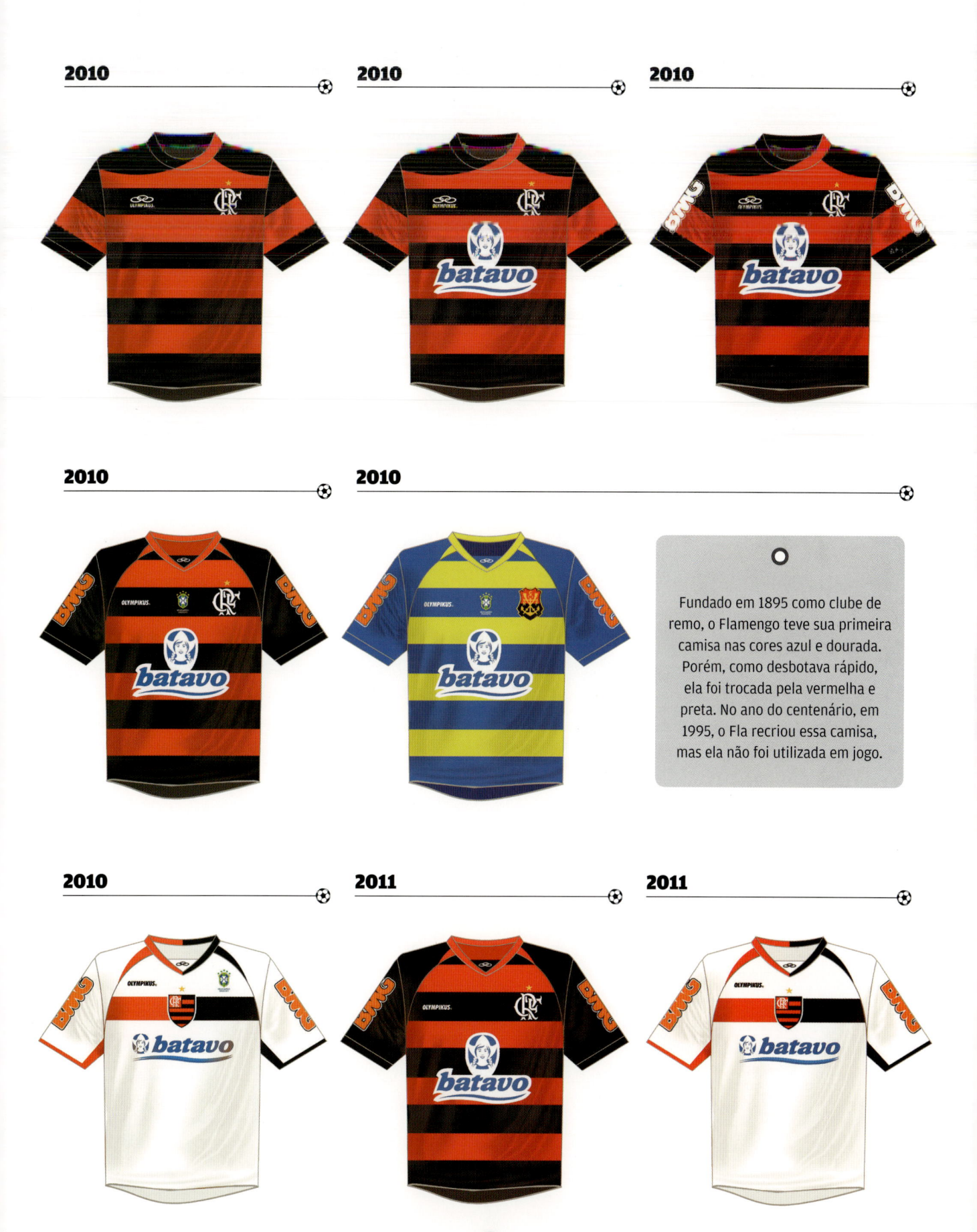

A história das camisas do **FLAMENGO**

2010

2010

2010

2010

2010

Fundado em 1895 como clube de remo, o Flamengo teve sua primeira camisa nas cores azul e dourada. Porém, como desbotava rápido, ela foi trocada pela vermelha e preta. No ano do centenário, em 1995, o Fla recriou essa camisa, mas ela não foi utilizada em jogo.

2010

2011

2011

A história das camisas do **FLAMENGO**

2011

2011

2011

2011

2011

2011

2011

2011

Para comemorar os trinta anos da conquista do Mundial Interclubes – quando venceu o Liverpool-ING no Japão por 3 X 0 –, o Flamengo criou uma réplica do modelo da camisa branca usada naquela partida e um logo comemorativo, usado do lado direito do peito na camisa.

A história das camisas do **FLAMENGO**

2011

2011

2011

2011

> Usada pela primeira vez em 1999, a camisa preta voltou como terceira opção de uniforme do Flamengo. Desde então, esse modelo, com algumas variações (e sem a faixa horizontal vermelha no peito), vem sendo utilizado pelo clube.

2011

2012

2012

A história das camisas do **FLAMENGO**

2012

2012

2012

2012

2012

2012 | 2013

2013

2013

2013

A história das camisas do **FLAMENGO**

2013

2013

No dia 3 de março de 2013, no jogo contra o Botafogo pelo Campeonato Carioca, o Flamengo prestou uma homenagem ao seu maior ídolo, Zico – que completava sessenta anos naquele dia –, e entrou em campo com a assinatura do Galinho nas costas das camisas.

2013

2013

2013

2013

2013

2013

Depois de 21 anos, a Adidas voltou como fornecedora de material esportivo. A marca alemã foi a primeira a aparecer na camisa do clube e ficou de 1980 a 1992. Depois disso, o clube foi patrocinado por Umbro (1992-2000), Nike (2000-09) e Olympikus (2009-13).

2013

Em setembro de 2013, o Flamengo fez uma homenagem aos cem anos do nascimento de Leônidas da Silva, um de seus maiores ídolos, que faleceu em 2004 aos noventa anos. Já em janeiro de 2014, foi a vez do clube homenagear também o argentino Agustín Valido.

2013   2014   2014

A história das camisas do **FLAMENGO**

2014

2014

Depois de ganhar a Copa do Brasil pela terceira vez, em 2013 (as outras foram em 1990 e 2006), o Flamengo usou o *patch* de campeão da CBF no peito no primeiro semestre de 2014. Na manga, foi utilizado também o logo da Copa Libertadores.

2014

2014

2014

2014

Em maio, no Fla-Flu, o Flamengo entrou em campo protestando contra o racismo e homenageou ídolos negros colocando nomes como Domingos da Guia, Júnior, Adílio, Andrade, Zizinho, Leônidas da Silva, Índio, Rodrigues Neto, Nélio e Cláudio Adão.

A história das camisas do **FLAMENGO**

2014

2014

2014

2014

2014

> Usada em 2000, 2001 e 2003, a camisa vermelha voltou como nova terceira opção. Chamada de Flamengueira, em homenagem às florestas do país, a camisa foi lançada em agosto de 2014 e apresentava estampas de vários tipos de árvores brasileiras.

2015

2015

A história das camisas do FLAMENGO

2015

2015

Em janeiro de 2015, o Flamengo disputou um torneio amistoso em Manaus, chamado de Super Series, contra Vasco e São Paulo. Durante a competição, na qual acabou como campeão após duas vitórias por 1 X 0, o rubro-negro usou o logo do torneio no peito da camisa.

2015

2015

O primeiro modelo de camisa do Flamengo como clube de futebol, usado em 1912 e 1913, foi apelidado de Papagaio de Vintém (por ser parecido com uma pipa). Em 1995, no centenário do clube, o modelo voltou a ser utilizado. Depois retornou na comemoração dos 120 anos.

2015

2015

A história das camisas do **FLAMENGO**

2015

2015

2016

2016

Em junho, o Flamengo lançou um novo modelo da camisa preta com uma série de pequenos pontos espalhados pelo uniforme em cinco cores diferentes, assim como os aros olímpicos, numa homenagem aos Jogos do Rio 2016 e também aos títulos do clube em diferentes modalidades.

2016

2016

O Flamengo criou um logo comemorativo nos 35 anos de sua maior conquista, o Mundial Interclubes de 1981, e passou a utilizá-lo na manga das camisas no início da temporada. Já no segundo semestre, o clube recriou o modelo da camisa branca (que também era da Adidas).

A história das camisas do **FLAMENGO**

2016 **2016** **2016**

2016 **2016**

2016 **2016**

A história das camisas do **FLAMENGO**

2016

2016

2016

2016

2016

Fluminense

Quando cheguei ao Fluminense era difícil imaginar que ficaria por tanto tempo num clube de grande tradição, enorme cobrança e por onde já passaram vários jogadores. É uma satisfação muito grande ter um pedacinho meu dentro da história deste time... São mais de sete anos e 343 jogos, e espero alcançar muito mais.

Nesse período, acabei guardando várias camisas. Fiz um quadro com a camisa do time campeão de 2012 e vou enquadrar a de 2010 e a da Primeira Liga de 2016, que são os grandes títulos que conquistei pelo Flu. Elas têm as assinaturas dos jogadores que fizeram parte das conquistas. Guardo também algumas usadas nas edições da Libertadores das quais participamos e outras de ex-companheiros, como Anderson, Leandro Euzébio, Jean, Fred e o goleiro Giovanni.

Acho todas as camisas do Fluminese lindas, mas a mais bonita para mim é a tricolor mesmo, que traduz a tradição do clube. Acho ainda que é a camisa mais bonita do Brasil. Entre os modelos alternativos, a de que mais gostei foi a grená com dourado.

Zagueiro
Gum (Wellington Pereira Rodrigues)
4/1/1986, São Paulo (SP)
Joga no Fluminense desde 2009 e conquistou os seguintes títulos pelo clube: Campeonato Brasileiro (2010 e 2012), Primeira Liga (2016) e Campeonato Carioca (2012)

A história das camisas do **FLUMINENSE**

2009 | 2010

No ano em que comemorou 25 anos da conquista do Campeonato Brasileiro de 1984, o Fluminense criou um modelo semelhante ao utilizado naquele ano. A camisa voltou a contar com a gola V e as listras nas cores verde e grená ficaram mais finas.

2009 | 2010

2009 | 2010 | 2011

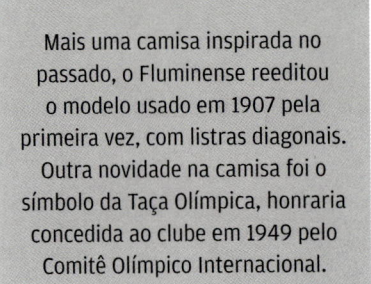

Mais uma camisa inspirada no passado, o Fluminense reeditou o modelo usado em 1907 pela primeira vez, com listras diagonais. Outra novidade na camisa foi o símbolo da Taça Olímpica, honraria concedida ao clube em 1949 pelo Comitê Olímpico Internacional.

2010 | 2011

2010 | 2011

2011

A história das camisas do **FLUMINENSE**

2011   **2011**   **2011**

2011   **2011**   **2011**

2012   **2012**   **2012**

A história das camisas do **FLUMINENSE**

2012

2012

No início de 2012, o Fluminense estreou novos modelos de camisa, sendo que o principal ficou bem diferente do tradicional. E durante o ano, o clube colocou na camisa, além da Taça Olímpica, um logo comemorativo dos sessenta anos da conquista da Taça Rio de 1952.

2012

2012

Assim como no centenário, o Fluminense voltou a jogar com a camisa cinza e branca, a primeira utilizada na história do clube, entre 1902 e 1904. O modelo, usado no mês de julho, trazia também o primeiro escudo do Flu, com as iniciais FFC.

2012

2012 | 2013 | 2014

No jogo contra o Vasco, do dia 25 de agosto, o Fluminense entrou em campo com uma fita preta, simbolizando o luto pela morte do seu ex-goleiro Félix, que havia falecido dois dias antes. Em 2011, o clube havia prestado homenagem da mesma forma após a morte do ex-atacante Ézio.

A história das camisas do **FLUMINENSE**

2013

2013

2013

2013

2013

Depois de ganhar o Brasileirão de 2012, o Fluminense passou a jogar na temporada de 2013 com o *patch* de campeão da CBF na camisa. Também em 2013, o Tricolor utilizou o logo da Copa Libertadores na manga, durante a disputa da competição.

2013

2013

2013

A história das camisas do **FLUMINENSE**

2013

2013 | 2014

Criada em 2002, no ano do centenário, em alusão ao bairro das Laranjeiras, sede do clube, o Fluminense voltou a jogar com a camisa laranja. A quarta opção de uniforme do clube – havia ainda a grená com detalhes dourados – contava também com calção e meiões na cor laranja.

2014

2014

2014

2014

Na partida contra o Atlético-MG, no dia 9 de outubro, o Fluminense jogou com uma fita rosa na camisa, reforçando a mobilização da campanha mundial contra o câncer de mama. Nesse dia, o estádio do Maracanã também contou com luzes rosa em sua cobertura.

2014

A história das camisas do **FLUMINENSE**

2015

2015

No início de 2015, o Fluminense participou da Copa Flórida, nos Estados Unidos, e usou o logo da competição no peito da camisa nos jogos contra os alemães Colônia e Bayer Leverkusen.
No fim de 2014, o Flu já havia colocado o logo na camisa para promover sua ida ao torneio.

2015

2015

2015

Depois de uma camisa toda grená e de outra toda laranja, foi a vez do Flu criar um modelo predominantemente verde pela primeira vez em sua história, inspirado no "verde da esperança", como diz o seu hino, feito por Lamartine Babo. Outra novidade foi o calção azul-escuro.

A história das camisas do **FLUMINENSE**

2015

2015

2015

2015

2015 | 2016

2015 | 2016

2016

2016

A história das camisas do **FLUMINENSE**

2016

2016

O Flu encerrou a parceria com a Adidas, que vinha desde 1996, e fechou com a canadense Dry world como nova fornecedora de material esportivo. Além dessas duas marcas, outras que já patrocinaram o clube foram a Le Coq Sportif (1981-85), a Penalty (1985-94) e a Reebok (1994-96).

2016

2016

2016

2016

2016

A história das camisas do **FLUMINENSE**

2016

2016

2016

2016

2016

Grêmio

Sinto um orgulho muito grande ao vestir a camisa do Grêmio, um gigante do futebol que tem muita história. Saber que fiz e faço parte dela é algo que me deixa muito contente. Desde que entrei no clube, eu esperava construir minha história lá. Vi muitos jogadores virarem ídolos e achava sensacional aquela relação. Procuro defender o Grêmio com todas as minhas forças e me dedico muito ao clube com o objetivo de sempre retribuir tudo o que o ele já me proporcionou.

Guardo as camisas do time com muito carinho. Duas delas significam muito para mim, ambas do final de 2012: a do último Grenal no Olímpico e a usada na inauguração da Arena do Grêmio, que tinha detalhes especiais dessa partida histórica. Tenho também as camisas de alguns companheiros que marcaram pelo clube, como Victor e Zé Roberto. Para mim, todas as camisas do Grêmio são lindas. Mas prefiro sempre a tricolor, que é a marca registrada do clube. Outra de que gostei recentemente foi a degradê, de 2015. Uma das mais bonitas que o Grêmio já teve.

Goleiro
Marcelo Grohe (Marcelo Grohe)
13/1/1987, Campo Bom (RS)
Joga no Grêmio desde 2005 e conquistou os seguintes títulos pelo clube: Campeonato Brasileiro da Série B (2005) e Campeonato Gaúcho (2006, 2007 e 2010)

A história das camisas do **GRÊMIO**

2009

2009

2009

2009 | 2010

2010

2010

2010

A história das camisas do **GRÊMIO**

2011

2011

2011 | 2012

> A primeira empresa a estampar sua marca na camisa do Grêmio foi a Olympikus, em 1980. Em 1983, o clube mudou para a Adidas, que ficou até 1985. Depois vieram a Penalty (1985-99), a Kappa (2000-04), a Puma (2005-11) e a Topper, que entrou em 2011.

2011

2011 | 2012

2011 | 2012

A história das camisas do **GRÊMIO**

2011 | 2012

2012 | 2013

Aproveitando o Dia das Crianças, o Grêmio criou uma ação para a escolha de um terceiro uniforme, que seria usado até o início de 2012. Entre as opções havia um na cor havana (bege), outro azul-celeste e um azul-marinho, que foi o mais votado.

2012

2012 | 2013

Inspirado nas seleções da Argentina e do Uruguai, o Grêmio criou modelos chamados de "Alma Castelhana". A camisa azul-celeste já havia sido utilizada pelo clube em 1975, depois voltou em 1994 e apareceu com certa frequência nos anos 2000. Já a listrada foi usada pela primeira vez.

2012

2012 | 2013

No jogo de inauguração da Arena do Grêmio, no dia 8 de dezembro de 2012, contra o Hamburgo-ALE, o Grêmio usou uma camisa comemorativa, com letras douradas no nome dos patrocinadores, as bandeiras do Rio Grande do Sul e do Brasil e o logo da Arena do Grêmio.

A história das camisas do GRÊMIO

2012 | 2013

Em agosto de 2012, o Grêmio lançou pela primeira vez uma camisa predominantemente preta, chamada pela Topper de Black Project. O uniforme de jogo do time com essa camisa era todo preto, com o número na parte detrás na cor azul-celeste.

2013

2013

2013

2013

2013

2013

No jogo contra o Corinthians, no dia 16 de outubro, o Grêmio entrou em campo com um laço rosa na camisa para apoiar a campanha Outubro Rosa, sobre a conscientização do diagnóstico precoce do câncer de mama. No dia, a Arena do Grêmio também recebeu iluminação rosa.

A história das camisas do **GRÊMIO**

2013

2013 | 2014

2013 | 2014

2014

2014

2014

2014

A história das camisas do **GRÊMIO**

2014

2015

2015

2015

2015

Depois de encerrar a parceria com a Topper, o Grêmio iniciou 2015 vestido de Umbro pela primeira vez. Já no dia 13 de setembro, no jogo contra o São Paulo, o clube usou um logo do projeto Comunidade Tri, que visa o aprimoramento de comunidades no entorno do estádio.

2015

2015

2016

A história das camisas do **GRÊMIO**

2016

2016

2016

2016

2016

2016

2016

2016

2016

Internacional

Vestir a camisa e jogar pelo Inter representou uma fase muito gloriosa na minha vida. Serei eternamente grato ao clube pela oportunidade e pela confiança que tiveram no meu trabalho. Foram muitos títulos ao longo dos dez anos e quase quatrocentos jogos defendendo a camisa deste time. Desse período, guardo lembranças inesquecíveis, como a camisa suja de sangue, usada na final do Mundial de Clubes contra o Barcelona, no Japão. De todas, sem a menor dúvida, foi a mais marcante e importante que já usei em jogo.

Nesses dez anos, acabei me identificando muito com a camisa de número 3. Ainda que no início tenha usado a número 13, como na conquista da Libertadores de 2006, minha ligação com a camisa 3 é muito especial. Foi com ela que fiz a maioria dos jogos e conquistei todos os outros títulos. Tenho até hoje guardadas em casa algumas camisas com autógrafos de todos que fizeram parte de cada título.

Zagueiro
Índio (Marcos Antônio de Lima)
14/2/1975, Maracaí (SP)
Jogou no Internacional de 2005 a 2014 e conquistou os seguintes títulos pelo clube: Mundial de Clubes da Fifa (2006), Copa Libertadores (2006 e 2010), Recopa Sul-Americana (2007 e 2011), Copa Sul-Americana (2008), Copa Suruga (2009) e Campeonato Gaúcho (2005, 2008, 2009, 2011, 2012, 2013 e 2014)

A história das camisas do **INTERNACIONAL**

2009

2009 | 2010

Para comemorar o seu centenário, em 2009, o Inter lançou uma camisa dourada comemorativa. A cor, usada pela primeira vez, representava as conquistas do clube em seus cem anos. Já o vermelho, segundo o clube, foi em alusão à raça e à garra dos colorados.

2009 | 2010

2010

2010

Na segunda partida da semifinal da Copa Libertadores, contra o São Paulo, no Morumbi (vitória do Colorado por 2 X 1), o Inter entrou em campo com uma bandeira do Brasil no peito da camisa e as informações da partida abaixo dela, com a data (5 de agosto de 2010).

2010

A história das camisas do **INTERNACIONAL**

2010

2010

Para a disputa do Mundial de Clubes da Fifa, nos Emirados Árabes, o Inter criou uma camisa exclusiva, inspirada em modelos da gloriosa década de 1970. Mas não deu muita sorte: o Colorado caiu diante do Mazembe, da República Democrática do Congo, na semifinal.

2010 | 2011

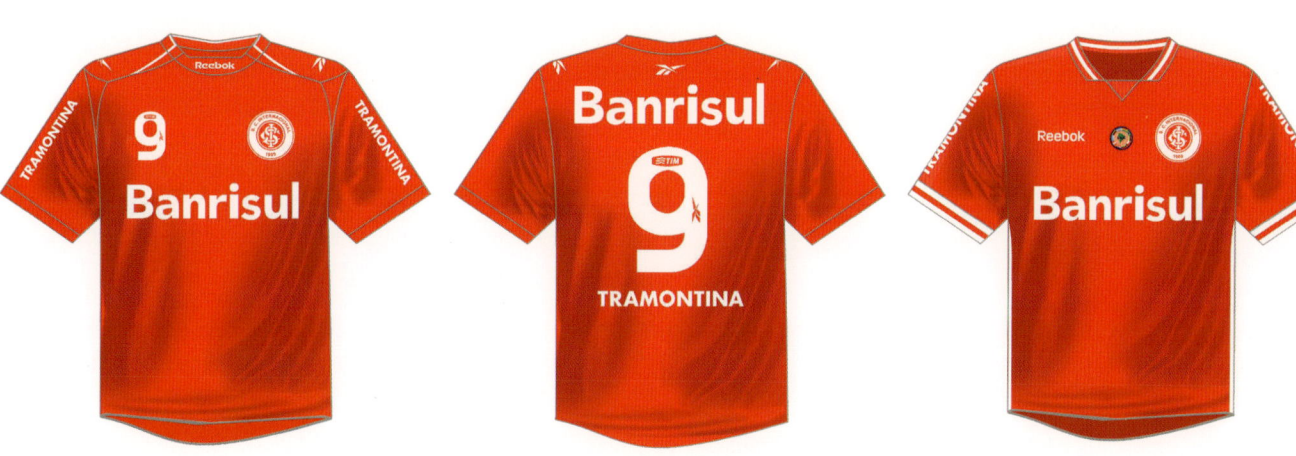

2011

2011

2011

O Internacional disputou a Copa Audi de 2011, em Munique, na Alemanha. Nas partidas contra Barcelona-ESP (2 X 2) e Milan-ITA (2 X 2), o Colorado jogou de branco, com o logo da competição na manga e com as informações de cada partida no peito da camisa.

A história das camisas do **INTERNACIONAL**

2011

2011 | 2012

2011

2012

> O Inter encerrou o contrato com a Reebok (2006-12) e, antes de estrear a camisa da Nike, disputou o Grenal do dia 28 de agosto com um modelo sem marca. A curiosa camisa tinha o escudo centralizado, o que não ocorria desde 2002, no modelo com os ombros brancos.

2012

2012

2012 | 2013

A história das camisas do **INTERNACIONAL**

2013

2012

Na comemoração dos 110 anos, a camisa 3 do Inter homenageava o primeiro modelo utilizado em sua história, entre 1909 e 1912. No peito dessa camisa de 2013, o Colorado usou o logo da Federação Gaúcha de Futebol, simbolizando o título estadual de 2012.

2013

2013

2013 | 2014

2013 | 2014

2014

Assim como outros clubes brasileiros, o Inter também prestou sua homenagem à Seleção no ano em que a Copa do Mundo foi realizada no país. Com detalhes em vermelho, o modelo lembrou um pouco aquele utilizado em 2009 (dourado), no ano do centenário.

A história das camisas do **INTERNACIONAL**

2014

2014

Quarenta e cinco anos depois de sua estreia, o estádio Beira-Rio foi reinaugurado após as reformas para a Copa do Mundo, no dia 6 de abril de 2014. Na partida contra o Peñarol-URU (2 X 1 para o Inter), o Colorado jogou com um logo comemorativo da partida amistosa.

2014

2014 | 2015

No dia 20 de julho, no jogo contra o Flamengo, no Beira-Rio, o Inter prestou uma homenagem ao ídolo Fernandão, que havia falecido num acidente de helicóptero dias antes, e colocou seu nome em todas as camisas dessa partida.

2014 | 2015

2015

No jogo contra o Emelec-EQU, pela Copa Libertadores, em Quito, no dia 18 de março, o Inter usou um logo no peito da campanha Cada Um é Onze, do seu programa de sócio-torcedor, que tinha como objetivo angariar novos integrantes e pular de 130 mil para 150 mil sócios.

A história das camisas do **INTERNACIONAL**

2015

2015

2015

2015

2015

> Na partida contra o São Paulo, no dia 31 de maio, o Inter utilizou um logo do programa de sócio-torcedor na manga. Já no jogo contra o Atlético-MG, no dia 5 de julho, os jogadores colocaram a bandeira do estado onde nasceram e a frase "Somos todos iguais" contra o racismo.

2015

2015

2015

A história das camisas do **INTERNACIONAL**

2015 | 2016

2015 | 2016

2016

2016

> O Internacional disputou a Copa Flórida no início de 2016, nos Estados Unidos, e nas partidas contra o Fluminense (com a camisa branca) e contra o Bayer Leverkusen (camisa vermelha), o Colorado utilizou o logo da competição na manga e colocou as informações da partida no peito.

2016

2016

2016

2016

A história das camisas do **INTERNACIONAL**

2016

2016

Palmeiras

Vestir a camisa de um grande time é sempre pesado. Mas para o goleiro do Palmeiras o peso é ainda maior, pela história e tradição dessa posição no clube. Quem veste essa camisa precisa honrá-la como fizeram os grandes goleiros da história do clube: Oberdan, Leão, Valdir, Velloso, Marcos e outros. Para mim é uma responsabilidade, mas, acima de tudo, é um orgulho grande ter o privilégio de vestir essa camisa.

Desde que entrei no time, o Palmeiras já jogou de azul, amarelo, cinza... Uma das minhas favoritas é a amarela, que homenageia a época em que o Palmeiras representava o Brasil. Tinha a ver com a história do clube. Outra preferida sem dúvida é a verde, porque o Palmeiras me marca muito mais quando joga com sua camisa principal. Já a mais bonita foi a de 2015, branca, meio bege, e com as laterais vermelhas e verdes. Guardo algumas camisas de companheiros do elenco atual: do Zé Roberto, do Gabriel Jesus, do Rafael Marques, do Alecsandro, do Vitor Hugo... São grandes amigos que conheci no futebol.

Goleiro
Fernando Prass (Fernando Büttenbender Prass)
9/7/1978, Viamão (RS)
Joga no Palmeiras desde 2013 e conquistou os seguintes títulos pelo clube: Campeonato Brasileiro da Série B (2013) e Copa do Brasil (2015)

A história das camisas do **PALMEIRAS**

2009 | 2010

2009

No clássico do dia 8 de março, Palmeiras e Corinthians colocaram um *patch* especial no ombro do 330º Derby. Na camisa do Palmeiras, os nomes dos times foram escritos em verde. Já na camisa corintiana, em preto. Essa ideia foi utilizada pelos clubes até 2011.

2009 | 2010

2009

A terceira camisa na cor azul, nunca usada até então, foi em homenagem à Seleção Italiana. O modelo, parecido com o do Palestra Itália de 1916 (verde e com a faixa branca), apresentou também o escudo antigo, com a Cruz de Savoia – família que reinou na Itália até 1946.

2009

2010

115

A história das camisas do **PALMEIRAS**

2010

2010

2010 | 2011

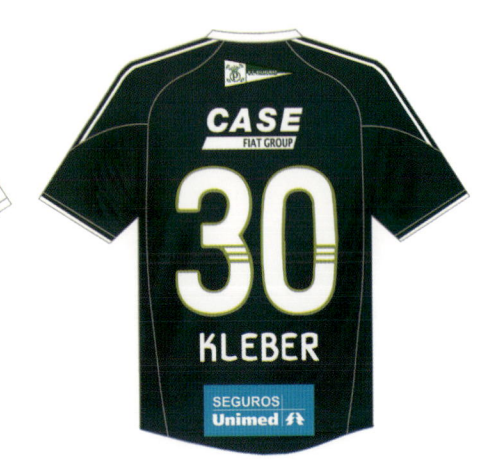

2010 | 2011

2010

2010 | 2011

2010

A história das camisas do **PALMEIRAS**

2010

2010

2010 | 2011

2010

2011

2011

2011

A história das camisas do **PALMEIRAS**

2011 **2011** **2011**

2011 **2011** **2011**

2011 **2011** **2011**

118

A história das camisas do **PALMEIRAS**

2011

Em agosto, o Palmeiras lançou sua terceira camisa em homenagem ao modelo usado entre 1992 e 1996, na era Parmalat. Naquela época, e com a camisa listrada, o clube conquistou dois Campeonatos Brasileiros (1993 e 1994), três Paulistas (1993, 1994 e 1996) e um Rio-São Paulo (1993).

2011

2011

2011

2011

2012

2012

A história das camisas do **PALMEIRAS**

2012 — **2012** — **2012**

2012 — **2012** — **2012**

2012 — **2012**

A história das camisas do **PALMEIRAS**

2012

2012

2012

2012

> No clássico contra o Corinthians, no dia 25 de março, o Palmeiras prestou uma homenagem ao humorista Chico Anysio, torcedor do clube, que havia falecido dois dias antes. Cada jogador entrou em campo com o nome de um personagem, como Coalhada, Professor Raimundo e Azambuja.

2012

2012

2012 | 2013

A história das camisas do **PALMEIRAS**

2012　　　**2012**　　　**2012**

2012　　　**2012**　　　**2012**

2012 | 2013　　　**2012 | 2013**

Na partida da final da Copa do Brasil, contra o Coritiba, o Palmeiras havia colocado no peito o escudo dos dois clubes e as informações do jogo. Após o título, o Verdão passou a usar o logo da CBF no peito em comemoração. Em 2013, esse logo sofreu uma pequena alteração.

A história das camisas do **PALMEIRAS**

2012 | **2012** | **2012**

2012 | **2012** | **2013**

2013 | **2013** | **2013**

A história das camisas do **PALMEIRAS**

2013

2013

2013

2013

No dia 5 de julho, o Palmeiras colocou uma mensagem de apoio na camisa para o ex-jogador e ídolo Djalma Santos, que estava internado com pneumonia. Pouco depois, no dia 23, o ex-lateral faleceu e o Palmeiras colocou sua foto na camisa, agradecendo com "Obrigado, Djalma".

2013

2013

2013

2013

A história das camisas do PALMEIRAS

2013

2013

2013

2013

2013

2013

2013

2013

> O Palmeiras fez uma camisa em homenagem à Seleção Brasileira que disputaria a Copa do Mundo em casa, em 2014. A ideia era relembrar também o jogo do dia 7 de setembro de 1965, quando o Brasil, representado pelo time do Palmeiras, enfrentou o Uruguai no Mineirão.

A história das camisas do **PALMEIRAS**

2013

2014

2014

2014

2014

2014

2014

2014

2014

A história das camisas do **PALMEIRAS**

2014

2014

2014

2014

2014

2014

2014

2014

Após a morte de Oberdan Cattani, no dia 20 de junho, o Palmeiras prestou homenagem a um de seus maiores ídolos. No jogo contra o Santos, dia 18 de julho, o time jogou com uma camisa azul escura, manga longa, com a foto do ex-goleiro e um "Obrigado, Oberdan!".

A história das camisas do **PALMEIRAS**

2014

2014

No dia 30 de julho, o Palmeiras enfrentou a Fiorentina-ITA, no Pacaembu, pela Copa Euroamericana, e entrou em campo com uma camisa azul, comemorativa de seu centenário, que tinha o seu primeiro logo com as iniciais PI (Palestra Itália).

2014

2014

No dia 21 de setembro, na partida contra o Goiás, o Palmeiras jogou de branco e com uma foto no peito em alusão à Arrancada Histórica de 1942 – dia em que o clube atuou pela primeira vez com o novo nome e conquistou o título paulista em cima do São Paulo.

2014

2014

2014

A história das camisas do **PALMEIRAS**

2015 • **2015** • **2015** •

2015 • **2015** • **2015** •

2015 • **2015** • **2015** •

A história das camisas do **PALMEIRAS**

2015

2015

2015

2015

2015

2015

2015

2015

Após a conquista de sua terceira Copa do Brasil, em cima do Santos, o Palmeiras enfrentou o Flamengo no último jogo do ano com a camisa cinza. Nessa partida, já colocou o *patch* de campeão da CBF no lado direito do peito da camisa.

A história das camisas do **PALMEIRAS**

2016

2016

2016

2016

2016

2016

2016

Para homenagear os Jogos Olímpicos do Rio de Janeiro, o Palmeiras colocou no número das camisas as cores da bandeira do Brasil. Foi assim na partida contra a Chapecoense, dia 4 de agosto (camisa branca) e contra o Vitória, dia 7 de agosto (camisa verde).

2016

No dia 31 de agosto, no jogo contra o Botafogo-PB, pela Copa do Brasil, o Palmeiras estreou uma camisa azul inspirada no modelo usado pelo goleiro Fernando Prass, que na edição anterior havia sido o herói do time na conquistado título, na disputa por pênaltis, contra o Santos.

Santos

Foram anos de muita dedicação. Sem dúvida, os mais importantes da minha carreira. Foi graças ao Santos que ganhei notoriedade, cheguei à Seleção e depois fui contratado por um grande clube europeu. Ao longo dos dois períodos em que defendi o time, criei uma enorme identificação com a torcida e a cidade.

Eu me sinto honrado por usar a camisa de Dalmo, que marcou época no clube onde tive a oportunidade de conhecer e conviver com grandes ídolos do futebol brasileiro e mundial. Tenho um carinho muito grande pelo uniforme de 2002. A conquista do Campeonato Brasileiro daquele ano mudou a história recente do Santos! Aliás, guardei algumas camisas de títulos tão importantes como esse: o Brasileiro de 2004 e a Libertadores de 2011. O Santos é conhecido mundialmente como o time das camisas brancas, ou brancas e pretas, mas achei muito bonita aquela azul-escura, com um desenho na frente que lembra a orla de Santos. Foi uma homenagem bacana para a cidade. Também acho a camisa listrada bonita, mas gostava mesmo de jogar com o uniforme todo branco!

Lateral esquerdo
Léo (Leonardo Lourenço Bastos)
6/7/1975, Campos dos Goytacazes (RJ)
Jogou no Santos de 2000 a 2005 e de 2009 a 2014 e conquistou os seguintes títulos pelo clube: Campeonato Brasileiro (2002 e 2004), Copa do Brasil (2010), Copa Libertadores (2011), Recopa Sul-Americana (2012) e Campeonato Paulista (2010, 2011 e 2012)

A história das camisas do **SANTOS**

2009

2009

2009

2009

Entre 1928 e 1932, e depois em 1980, o Santos teve um uniforme reserva com a cor predominante. Em 2008, criou um azul-marinho bem escuro. Já em 2009, como terceira opção, o clube vestiu essa camisa toda preta, usada com calção e meiões pretos também.

2010

2010

2010

2010

A história das camisas do **SANTOS**

2010

2010

2010

2010

2010

2010

2010

2010

A história das camisas do **SANTOS**

2010

2010

No jogo contra o Grêmio, no dia 24 de outubro, o Santos homenageou o aniversário de setenta anos de Pelé e colocou no peito da camisa a imagem histórica do Rei comemorando um gol com o soco no ar. Já o atacante Neymar vestiu a camisa 70 naquela partida.

2010

2011

2011

2011

2011

2011

A história das camisas do **SANTOS**

2011

2011

2011

2011

2011

2011

2011

2011

A história das camisas do **SANTOS**

2011

2011

2011

2011

2011

O Santos disputou o Mundial de Clubes da Fifa, no Japão, e nas partidas contra o Kashiwa Reysol-JAP e o Barcelona-ESP atuou de branco. Na manga direita da camisa o time exibiu o logo da competição. Já na esquerda, o símbolo do *fairplay* da Fifa.

2011 | 2012

2011 | 2012

2012

A história das camisas do SANTOS

2012

A cor azul do terceiro uniforme foi escolhida por alguns simbolismos da cidade de Santos, fazendo referência à cor do mar, à herança colonial e portuária da cidade, e às cores da fonte de Itororó, situada no Monte Serrat, um dos pontos turísticos de Santos.

2012

2012

2012

2012

HENRIQUE
EU NÃO DESISTO

A história das camisas do **SANTOS**

2012

2012

No dia 11 de outubro, véspera do Dia das crianças, no jogo contra o Botafogo, os dois clubes entraram em campo com um logo especial de suas categorias de base. No desenho aparecia o cão botafoguense, dos Garotos de General, e a Baleia, dos Meninos da Vila.

2012

2013

2013

2013

A história das camisas do **SANTOS**

2013

2013

2013

2013

2013

2013

2013

2013

2013

A história das camisas do **SANTOS**

2013

2013

2013

2013

2013

2013

2013

A história das camisas do **SANTOS**

2013

2013

2013

2013

2013

2013

2013

2013

A história das camisas do **SANTOS**

2013

2013

2013

2013

2013

O terceiro uniforme apresentado para a temporada de 2013 foi inspirado na orla da cidade de Santos. O azul-marinho remetia à cor do céu e do mar à noite e o peito da camisa levava as famosas luzes da orla do mar, um dos cartões-postais da cidade.

2013

2013

A história das camisas do **SANTOS**

2013

2013

2013

2014

2014

2014

2014

Assim como outros clubes brasileiros, o Santos lançou sua camisa em homenagem à Seleção no ano da Copa do Mundo. O modelo santista, porém, contava com os ombros e as mangas pretas. No uniforme completo, o Peixe utilizou calção preto e meiões amarelos.

A história das camisas do **SANTOS**

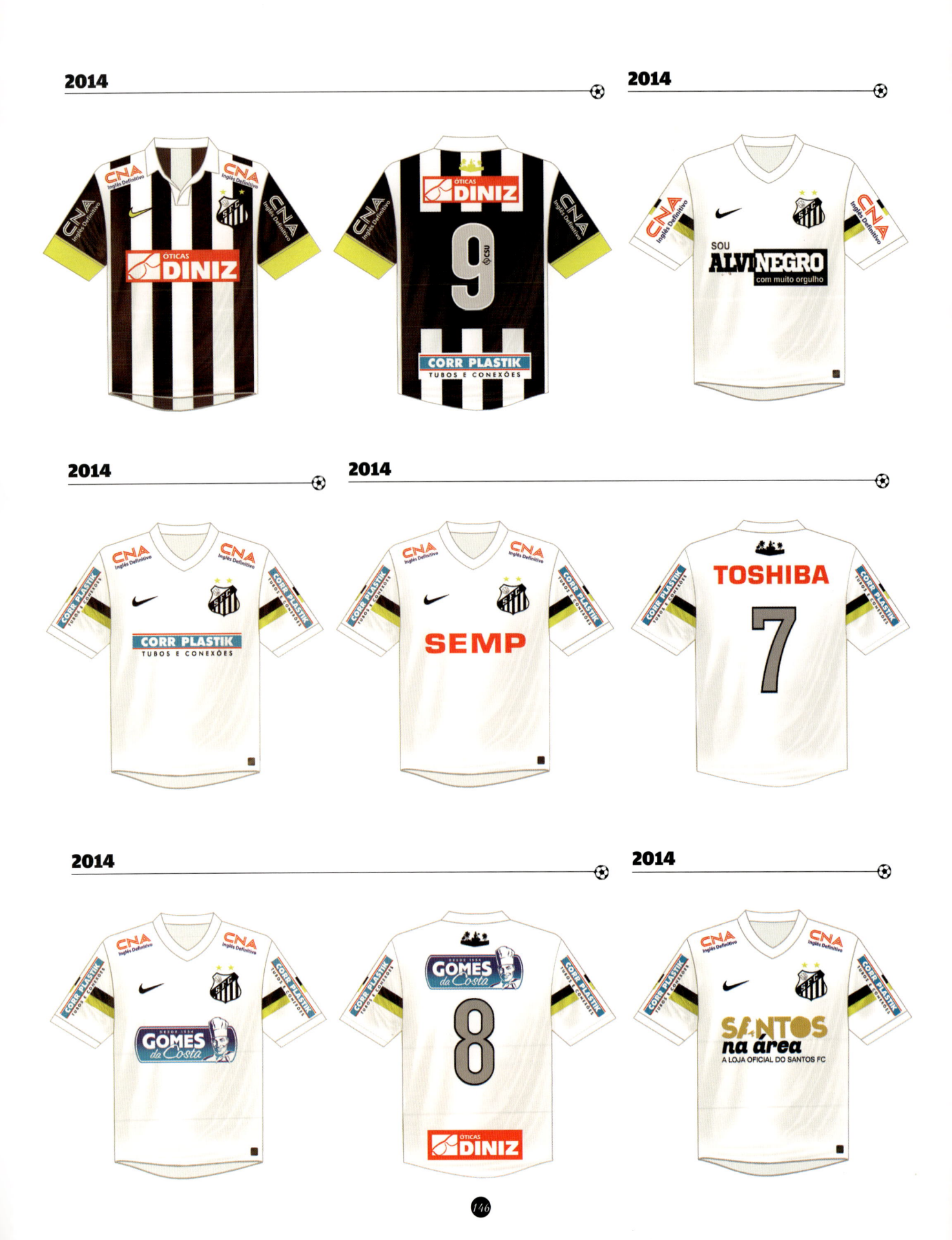

2014

2014

2014

2014

2014

2014

2014

2014

146

A história das camisas do **SANTOS**

2014

2014

2014

2014

2014

2014

A história das camisas do **SANTOS**

2014

2014

2014

2014

2014

No jogo contra o Londrina, no dia 15 de agosto, válido pela Copa do Brasil, o Santos entrou em campo estampando em sua camisa as mascotes do clube – Baleinha, Baleião e a Galera da Vila –, que foram criadas para atender o público infantil da torcida santista.

2014

A história das camisas do **SANTOS**

2014

2014

2014

2014

2015

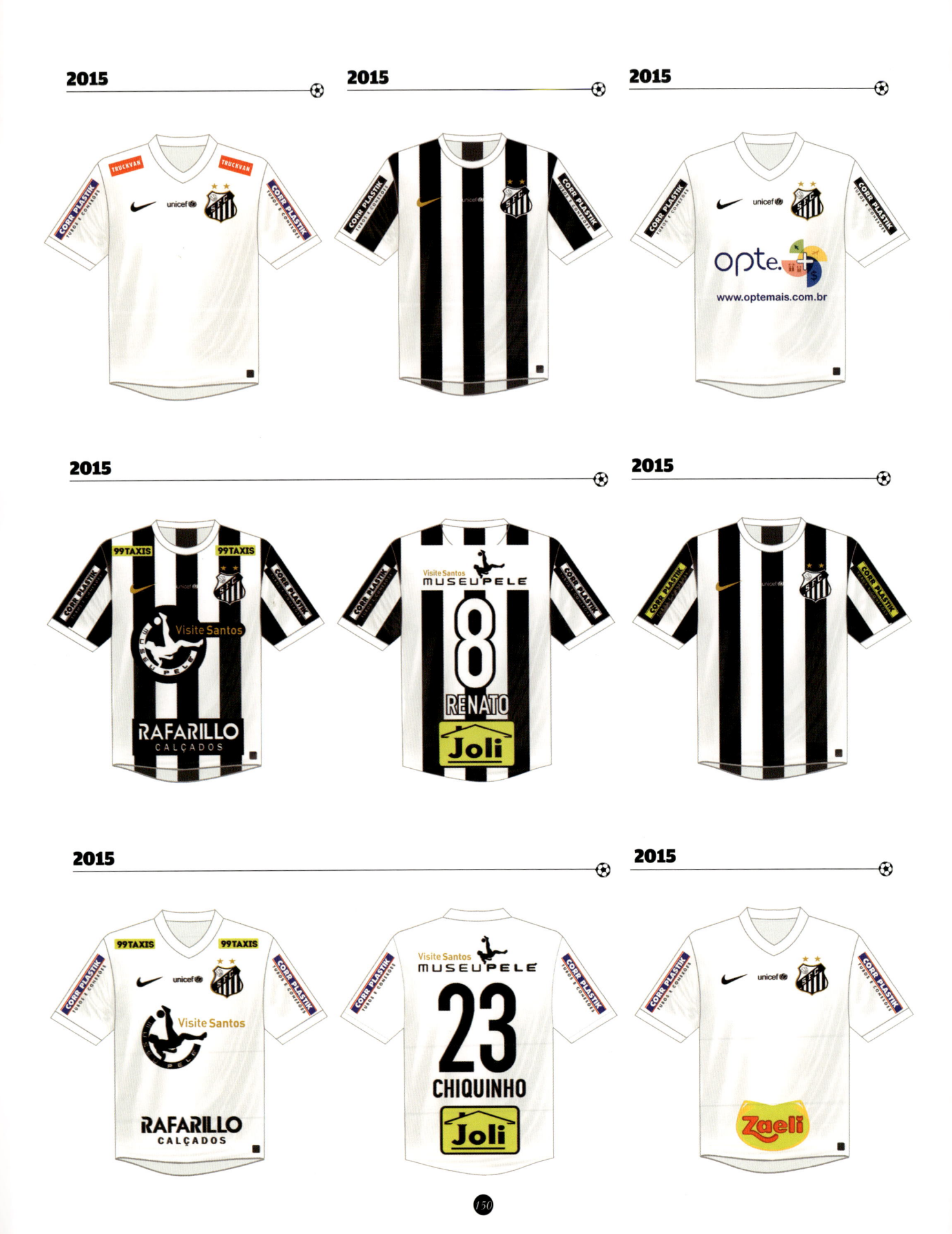

A história das camisas do **SANTOS**

2015

2015

2015

2015

2015

2015

2015

A história das camisas do SANTOS

2015

No dia 19 de julho, no jogo contra o Palmeiras, o Santos homenageou um de seus maiores jogadores, o ex-volante Zito, que havia falecido cinco dias antes. Na camisa de jogo foi exibida a foto do ex-capitão e, na parte detrás, a mensagem "Obrigado, Zito".

2015

2015

2015

2015

A história das camisas do **SANTOS**

2015

2015

2015

2015

2015

2015

A história das camisas do SANTOS

2015

2015

2015

> Na final da Copa do Brasil, contra o Palmeiras, o Santos colocou abaixo do escudo as informações das partidas, com data, adversário e local. No jogo de ida, o Peixe atuou de branco. Na volta, jogou com a camisa listrada.

A história das camisas do **SANTOS**

2015

2015

2015

A história das camisas do SANTOS

2016

2016

Em sua história, os fornecedores de material esportivo do Santos foram: Adidas (1980-81 e 1984-88), Topper (1982-84), Penalty (1988-90), Umbro (1991-92 e 1997-2012), Dell'Erba (1993-94), Addma (1994-95), Rhumell (1996-97), Nike (2012-15) e Kappa (desde 2016).

2016

2016

2016

2016

2016

2016

A história das camisas do **SANTOS**

2016

2016

2016

2016

2016

2016

2016

2016

São Paulo

Jogar pelo São Paulo foi uma honra! Vestir a camisa de um grande clube por muitos anos e fazer mais de duzentos gols com ela é algo que não tem preço. A primeira que usei, em 2001, foi a 33, era o número que havia sobrado. Depois, joguei com a 11, já que a 9 era do França. Só fui vestir a 9 na minha segunda passagem, quando o São Paulo me comprou e o França já tinha saído do clube. A camisa 9 foi, sem dúvida, aquela com que mais me identifiquei. Nessas duas passagens, guardei uma camisa de cada ano, pelo menos, e estão todas enquadradas. Acho bacana para ter algo que representa parte da história da minha vida. Tenho também muitas de ex-companheiros, como Kaká, Pato, Rogério Ceni, França, Reinaldo, Belletti, Aloísio (Boi Bandido), Cícero, entre outros.

Dos modelos tradicionais que já vesti, gostei bastante do usado no Brasileiro de 2003. Tanto o branco quanto o listrado eram muito bonitos. Das camisas alternativas, gostei muito da que foi utilizada no meu último jogo, contra o Figueirense, em 2015, pelo Campeonato Brasileiro, uma terceira camisa preta. Mas se tivesse que escolher uma só, seria a branca. Talvez por ter sido a que mais usei em toda a minha carreira.

Atacante
Luis Fabiano (Luis Fabiano Clemente)
8/11/1980, Campinas (SP)
Jogou no São Paulo de 2001 a 2004 e de 2011 a 2015 e conquistou os seguintes títulos pelo clube: Torneio Rio-São Paulo (2001) e Copa Sul-Americana (2012)

2009

2009

No jogo contra o Cruzeiro, no dia 31 de maio, pelo Brasileirão, o Tricolor colocou na manga da camisa o logo da campanha da cidade de São Paulo como sede para a Copa do Mundo de 2014. Na época, o estádio do Morumbi era um dos candidatos a receber os jogos na cidade.

2009

2009

2009

2009

2009

2010

A história das camisas do **SÃO PAULO**

2010 **2010** **2010**

2010 **2010** **2010**

2010 **2010** **2010**

A história das camisas do SÃO PAULO

2010 | **2010** | **2010**

2010 | **2010**

2010

No dia 15 de agosto, no jogo contra o Cruzeiro, no Morumbi, o São Paulo fez uma ação do seu programa de sócio-torcedor e colocou no peito da camisa o nome de alguns aniversariantes (escolhidos por sorteio). Na manga, foi usado o símbolo do programa.

A história das camisas do **SÃO PAULO**

2010   **2010**

2010   **2010**   **2011**

2011   **2011**   **2011**

A história das camisas do SÃO PAULO

2011

2011

2011

2011

2011

2011

2011

2011

No jogo contra o Fluminense, no dia 31 de agosto, no Morumbi, pelo Brasileirão, o São Paulo colocou na parte detrás da camisa a mensagem "Força, Ricardo", destinada ao seu ex-treinador Ricardo Gomes, que havia sofrido um AVC enquanto dirigia o Vasco num jogo três dias antes.

A história das camisas do **SÃO PAULO**

2011

2011

2011

2012

2012

2012

2012

A história das camisas do **SÃO PAULO**

2012

2012

2012

2012

2012

> Para comemorar os vinte anos dos títulos da Libertadores e do Mundial de 1992, o São Paulo lançou um modelo retrô, semelhante ao utilizado naquele ano. E no jogo contra o Atlético-MG, dia 17 de junho, entrou em campo com os nomes dos titulares da final da Libertadores.

2012

2012

A história das camisas do **SÃO PAULO**

2012

2013

2013

2013

2013

Em abril, o São Paulo lançou sua terceira camisa, feita em homenagem à reforma do estádio do Morumbi, que ganhou cadeiras vermelhas. Depois de 2000, quando jogou com um terceiro uniforme contra o Paulistano, essa foi a primeira vez que o clube voltou a jogar de vermelho.

2013

2013

No dia 5 de setembro, no jogo contra o Coritiba, o São Paulo entrou em campo com uma camisa criada em homenagem aos cem anos do nascimento do craque Leônidas da Silva. O modelo retrô foi inspirado no usado pelo jogador na década de 1940.

A história das camisas do **SÃO PAULO**

2013

2013

2014

2014

2014

2014

166

A história das camisas do **SÃO PAULO**

2014

2014

2014

2014

2014

2014

2014

2014

2014

A história das camisas do **SÃO PAULO**

2014

2014

2014

2014

2014

2014

2014

2015

2015

A história das camisas do **SÃO PAULO**

2015

2015

2015

2015

2015

2015

2015

2015

2015

A história das camisas do **SÃO PAULO**

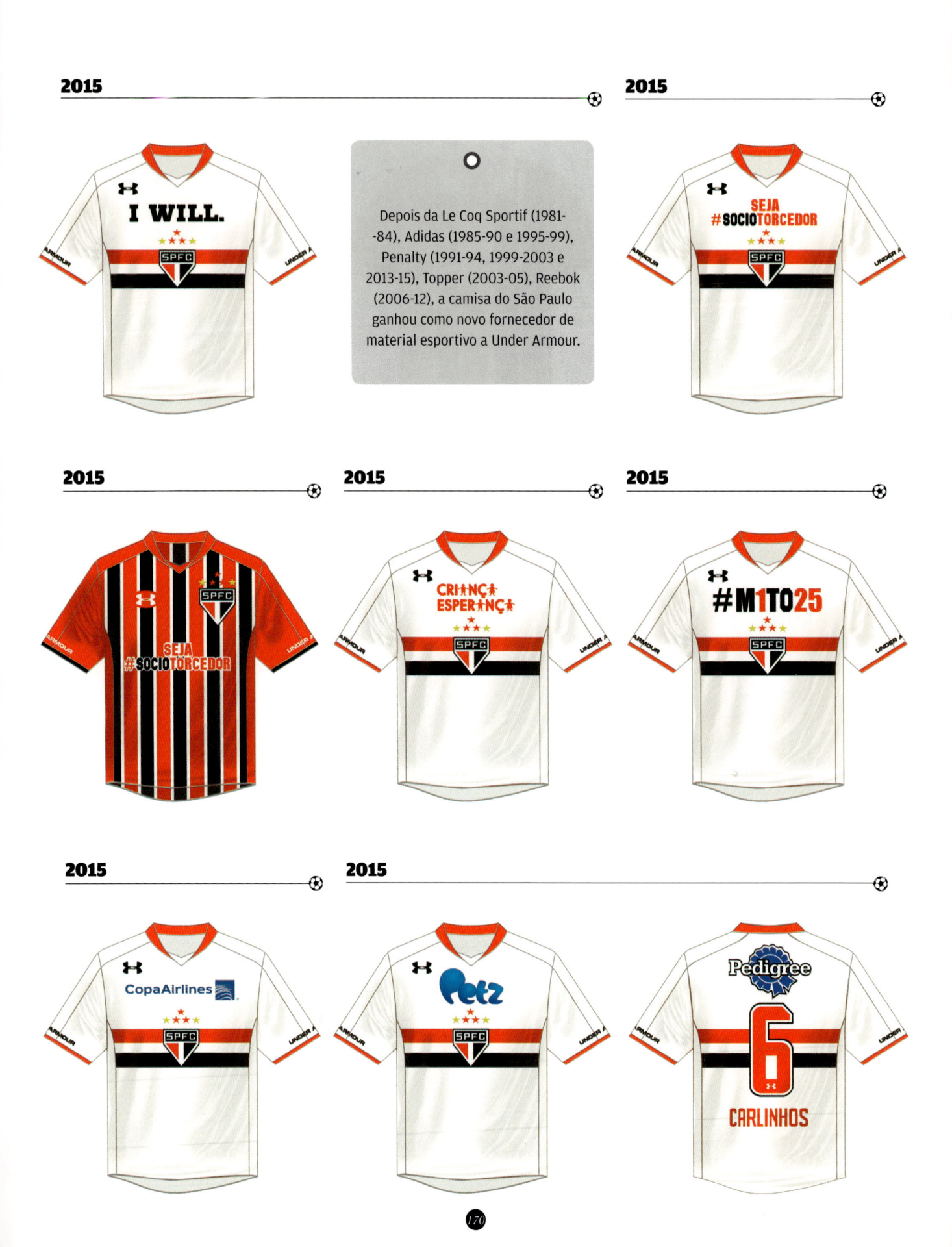

2015

2015

Depois da Le Coq Sportif (1981-84), Adidas (1985-90 e 1995-99), Penalty (1991-94, 1999-2003 e 2013-15), Topper (2003-05), Reebok (2006-12), a camisa do São Paulo ganhou como novo fornecedor de material esportivo a Under Armour.

2015

2015

2015

2015

2015

A história das camisas do **SÃO PAULO**

2015

2015

Em outubro, o São Paulo lançou um uniforme número três na cor bordô (em homenagem a uma camisa de goleiro usada por Rogério Ceni na Libertadores de 2013). O novo modelo foi usado pela primeira vez na partida contra o Vasco, pelo Brasileirão, no dia 18, no Morumbi.

2015

2015

Além da bordô, o São Paulo também lançou uma camisa preta para homenagear os 25 anos do goleiro Rogério Ceni no clube. A camisa, que tinha um logo dos 25 anos no peito, foi usada contra o Figueirense, no dia 28 de novembro.

2015

2015

2016

A história das camisas do **SÃO PAULO**

2016

2016

2016

2016

2016

2016

2016

2016

2016

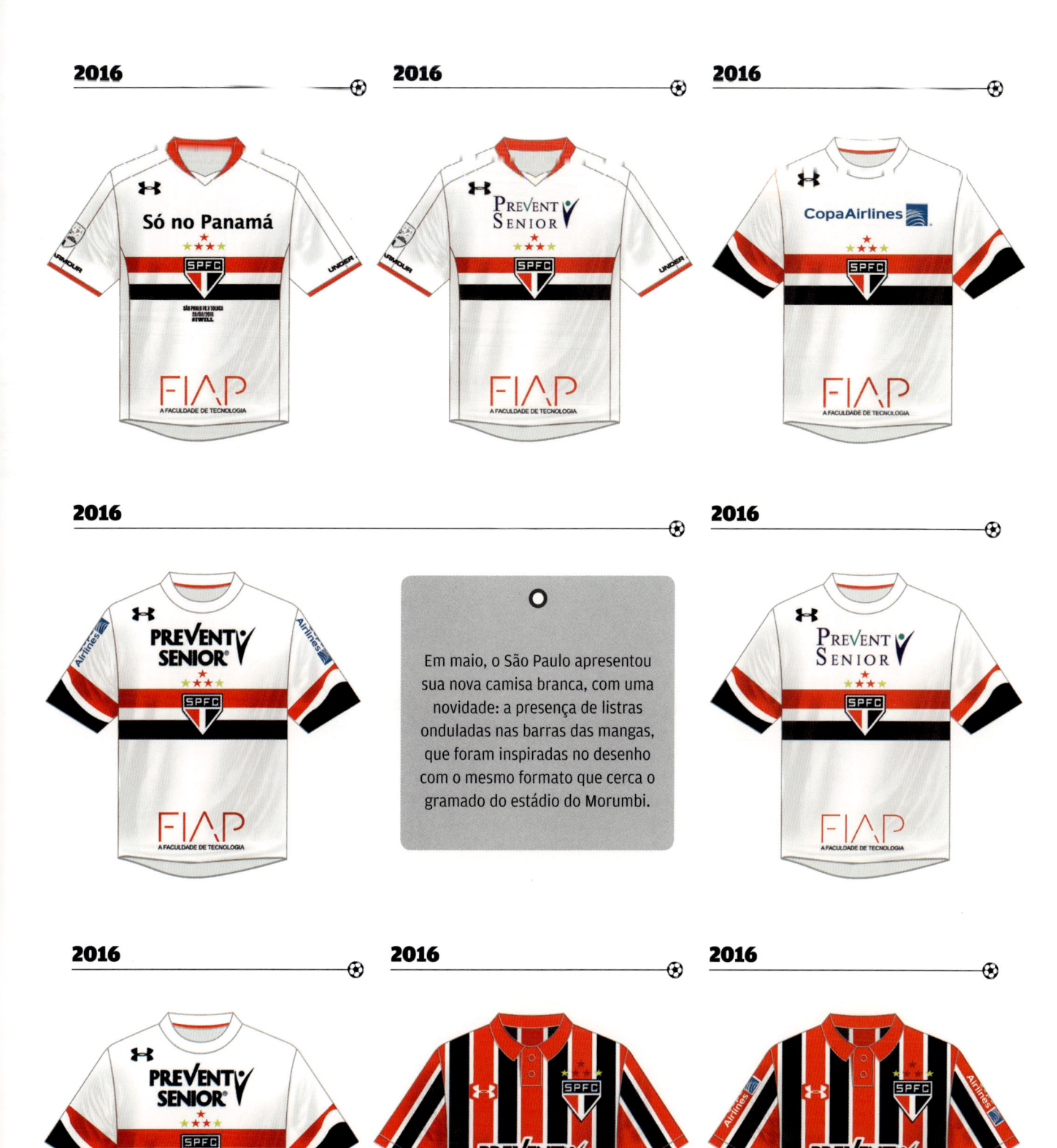

A história das camisas do **SÃO PAULO**

2016 — **2016** — **2016**

2016 — **2016**

Em maio, o São Paulo apresentou sua nova camisa branca, com uma novidade: a presença de listras onduladas nas barras das mangas, que foram inspiradas no desenho com o mesmo formato que cerca o gramado do estádio do Morumbi.

2016 — **2016** — **2016**

A história das camisas do SÃO PAULO

2016

2016

2016

2016

2016

2016

2016

Em agosto, durante as Olimpíadas do Rio 2016, o São Paulo lançou uma camisa amarela em homenagem a Adhemar Ferreira da Silva. A cor remetia às duas estrelas que o clube carrega acima do escudo, uma referência ao ex--atleta, bicampeão olímpico.

Vasco

A camisa de um clube é como sua pele. E esse significado fica mais forte com o número de vezes que você a veste. Jogar mais de 390 vezes pelo clube significa muito. O que fica depois, independentemente das conquistas ou do dinheiro, é o que você construiu no seu clube. Acho que o modelo mais bonito das camisas do Vasco é a preta tradicional. Ela impõe respeito e isso pode contar um pouco numa disputa. Mas nada contra as terceiras camisas que são de cores diferentes, são como um presente para o torcedor.

No Vasco, eu escolhi a 8 porque quando comecei no futebol não queria ser camisa 10. Achava que ainda tinha algumas deficiências e não queria esse peso, ele poderia me prejudicar de alguma maneira. Eu gostava da 8, acho que é um jogador de cabeça erguida que faz a bola chegar aos pés do camisa 10. Acreditava que se encaixava bem nas minhas características. Fora que há ótimos jogadores com esse número, como Toninho Cerezo e Sócrates.

Acho que o jogador para ter sucesso e fazer parte da história do clube tem que conhecê-lo. O Vasco, por exemplo, é o primeiro time que aceitou negros e eu acho importante saber disso. A camisa da campanha contra o racismo fica até mais especial. Eu guardei essa camisa com carinho, porque acho essa campanha muito importante. Foi a camisa de que mais gostei.

Meia
Juninho Pernambucano (Antônio Augusto Ribeiro Reis Júnior)
30/1/1975, Recife (PE)
Jogou no Vasco de 1995 a 2001, de 2011 a 2012 e em 2013 e conquistou os seguintes títulos pelo clube: Campeonato Brasileiro (1997 e 2000), Copa Libertadores (1998), Campenonato Carioca (1998), Torneio Rio-São Paulo (1999) e Copa Mercosul (2000)

A história das camisas do VASCO

2009

2009

2009

2009

2009

2009

Depois de encerrar seu contrato com a Champs, o Vasco ficou quase três meses sem um fornecedor de material esportivo até acertar com a Penalty, no mês de julho. A marca nacional voltou ao clube após 14 anos – havia feito as camisas entre 1994 e 1995.

A história das camisas do **VASCO**

2009

2009

2009 | 2010

2009 | 2010

Para celebrar o retorno do Vasco à primeira divisão do Brasileirão, o clube criou um modelo especial (preto com uma faixa dourada). Acima da cruz de malta, a camisa tinha a inscrição "O sentimento nos trouxe de volta". Atrás, abaixo do número, as palavras "amor infinito".

2010

2010

Em parceria com a grife Cavalera, o Vasco lançou sua terceira camisa em março de 2010. O modelo, com uma cruz de Cristo à frente, buscou fazer referência à Ordem dos Templários, organização portuguesa das embarcações em que o Almirante Vasco da Gama fez parte.

A história das camisas do **VASCO**

2010

2010

2010

2010

2010

2010

2010

2010

A história das camisas do VASCO

2010

2011

2011

2011

No início de 2011, a Penalty trocou seu logo na camisa do Vasco (tanto na branca, quanto na preta) pela frase "O Brasil não se explica, se sente", que fazia parte de uma campanha da marca com seus produtos.

2011

2011

2011

A história das camisas do **VASCO**

2011

2011

2011

2011

2011

2011

2011

Após o título da Copa do Brasil sobre o Coritiba, em junho, o Vasco passou a usar no peito da camisa o *patch* de campeão da CBF. Pouco depois, em agosto, os jogadores fizeram uma homenagem no Dia dos Pais colocando os nomes de seus pais na camisa.

A história das camisas do **VASCO**

2011

2011

2012

2012

2012

2012

Em fevereiro, o Vasco, novamente em parceria com a Cavalera, lançou um terceiro modelo de camisa bastante curioso. A novidade dessa vez foi a cor azul, que segundo o clube era uma referência ao domínio dos mares e das conquistas do navegador Vasco da Gama.

A história das camisas do **VASCO**

2012

No dia 25 de março, o Vasco entrou de luto pela morte do comediante Chico Anysio, ilustre torcedor do clube. Além da fita e da inscrição "Chico 1931-2012" na parte da frente, os jogadores colocaram nomes de famosos personagens na parte detrás da camisa.

2012

2012

2012

2012

2012

A história das camisas do **VASCO**

2012

2012 **2012** **2012**

2012 **2012** **2012**

No dia 19 de julho, o meia e ídolo Juninho Pernambucano completou a marca de 350 jogos com a camisa do Vasco. Em sua primeira passagem, o jogador ficou no clube entre 1995 e 2001. Depois, atuou entre 2011 e 2012, e voltou para encerrar a carreira em 2013.

183

A história das camisas do **VASCO**

2012

2012

2012 | 2013

2012 | 2013

2013

2013

2013

A história das camisas do **VASCO**

2013

2013

Em julho, a Penalty criou camisas no estilo retrô para sete clubes no Brasil. Um deles foi o Vasco, que lançou um modelo inusitado fazendo uma homenagem a uma carta enviada pelo navegador Vasco da Gama ao rei de Portugal no século XV.

2013

2013 | 2014

2013 | 2014

2014

2014

2014

A história das camisas do VASCO

2014

2014

2014

2014

2014

> Na final do Estadual, o Vasco entrou em campo na decisão contra o Flamengo com as informações da partida inscritas no peito da camisa: Final Campeonato Carioca, 13 de abril de 2014, Maracanã-RJ. Nesse dia, os times empataram por 1 X 1 e o Flamengo foi campeão.

2014

2014

2014

A história das camisas do **VASCO**

2014

2014

Depois de cinco anos, a camisa do Vasco deixou de ser feita pela Penalty e voltou para a Umbro. A marca inglesa, que já tinha sido a fornecedora de material esportivo do clube entre 2002 e 2006, retornou no mês de outubro.

2014

2014

2014

2015

No início de 2015, o Vasco participou de um torneio amistoso na Arena Amazônia, em Manaus, e enfrentou o Flamengo e o São Paulo. Durante a competição, o clube, assim como os outros participantes, usou um logo do torneio, chamado de Super Series, no peito da camisa.

187

A história das camisas do **VASCO**

2015

2015

2015

2015

2015

No dia 28 de fevereiro, no jogo contra o Bangu, pelo Campeonato Carioca, o Vasco usou uma camisa com o logo Rio 450 anos, que fazia parte de uma campanha de comemoração do aniversário da cidade realizada pela Prefeitura do Rio de Janeiro.

2015

2015

2015

A história das camisas do **VASCO**

2015

2015

2015

2015

2015

2015

2015

2015

2015

2015

2015 | **2015 | 2016** | **2015 | 2016**

2016 | **2016** | **2016**

> Na partida contra o São Paulo, no dia 18 de outubro, no Morumbi, o Vasco entrou em campo com o número e o nome dos patrocinadores na cor rosa, aderindo à campanha Outubro Rosa, sobre a conscientização do diagnóstico precoce do câncer de mama.

2016

2016